| 翁日尔 著

"育贤思堂"
教学模式初探

海峡出版发行集团 | 海峡文艺出版社

图书在版编目(CIP)数据

"育贤思堂"教学模式初探/翁日尔著. 一福州：
海峡文艺出版社,2024.9
ISBN 978-7-5550-3849-8

Ⅰ.G4

中国国家版本馆 CIP 数据核字第 202416WE35 号

"育贤思堂"教学模式初探

翁日尔　著

出　版　人　林　滨
责任编辑　蓝铃松
出版发行　海峡文艺出版社
经　　销　福建新华发行(集团)有限责任公司
社　　址　福州市东水路 76 号 14 层
发　行　部　0591—87536797
印　　刷　福建新华联合印务集团有限公司
厂　　址　福州市晋安区福兴大道 42 号
开　　本　787 毫米×1092 毫米　1/16
字　　数　170 千字
印　　张　10.5
版　　次　2024 年 9 月第 1 版
印　　次　2024 年 9 月第 1 次印刷
书　　号　ISBN 978-7-5550-3849-8
定　　价　28.80 元

如发现印装质量问题,请寄承印厂调换

序　言

　　在时代的洪流中，教育始终是推动社会进步与文明发展的重要力量。随着 21 世纪的科技浪潮汹涌而来，人类社会正以前所未有的速度经历着深刻的变革。面对未来社会的复杂挑战与多元化需求，教育如何培养出具备高度综合素质与创新能力的优秀人才，成为摆在每一位教育工作者面前的重大课题。正是在这样的背景下，"育贤思堂"教学模式应运而生，它以其独特的理念与实践，为小学数学教育乃至整个基础教育领域注入了一股清新的活力。

　　"育贤思堂"理念的诞生，深深植根于福鼎市实验小学悠久的"育贤教育"传统之中。在新时代背景下，面对学生思考动力不足、思维层次尚浅等困境，以及新时代对创新型人才的迫切需求，福鼎市实验小学的教育者们深刻反思传统教学模式的局限，提出了"育贤思堂"这一教学理念。它不仅仅是对教学空间的一种命名，更是对教育理念的深刻诠释与全面革新。

　　"育贤思堂"强调在传授知识的同时，更加注重激发学生的深度思考与独立探究能力。这一理念的提出，是对当前小学数学教育领域核心挑战的积极响应与深刻反思。它旨在通过多样化的教学策略和现代技术手段，构建一个充满思维魅力的学习空间，让学生在掌握基础知识与基本技能的同时，能够主动思考、积极探索，进而形成批判性思维、创新思维等关键品质。这不仅是对传统教学模式的革新，更是对学生综合素养提升路径的积极探索。

"育贤"作为福鼎市实验小学的核心理念，其内涵丰富而深远，不仅仅是对"贤才"的培育与造就，更是一种对高尚品德、扎实学识、创新思维等综合素质的全面追求。在"育贤思堂"教学模式中，"育贤"被赋予了新的时代内涵，即通过传承与创新培养具有家国情怀、国际视野、创新精神和实践能力的新时代贤才。"育贤"的价值在于它关注学生的全面发展与个性成长。在"育贤思堂"的课堂上，每一位学生都被视为独一无二的个体，他们的兴趣、特长与潜能得到了充分的尊重与挖掘。教师们通过多样化的教学方法和个性化的学习指导，帮助学生建立自信、激发兴趣、培养能力，为他们未来的学习与生活奠定坚实的基础。

　　"思堂"作为"育贤思堂"教学模式的核心要素，其内涵主要体现在对深度思考与独立探究能力的培养上。"思堂"是对小学数学教育核心价值的精准把握，引导学生经历深度思考、形成数学思维、感悟数学思想，以引导学生深刻理解知识本质，提高学习效率。在"思堂"中，数学不再仅仅是计算与公式的堆砌，而是成为一个充满思维魅力的世界。教师们通过创设问题情境、引导探究学习、加强过程渗透等教学策略，让学生在亲历知识形成的过程中领悟数学思想、培养思维能力。"思堂"的价值在于它为学生提供了一个自由思考、勇于探索的空间。在这里，学生不再是被动的知识接受者，而是成为主动的学习者与探究者。他们通过不断地提问、讨论与实践，逐步构建起自己的知识框架与思维体系。这种以思维为核心的教学模式不仅提升了学生的数学素养与综合能力，更为他们未来的学习与生活提供了强大的思维工具与支撑。

　　本书基于"育贤教育"，重点探讨小学数学课堂中的"思堂"实践，主要对在小学数学课堂中培养学生的运算思维、抽象思维、推理思维、建模思维、阅读思维和信息思维分章节探讨。

　　"育贤思堂"教学模式的提出与实践是对传统教学模式的深刻反思与全面革新。它以"育贤"为核心理念，以"思堂"为核心要素，通过多样化的教学策略和现代技术手段，为学生提供了一个充满思维魅力的学习空间。在这里，学生不仅能够掌握扎实的数学基础知识与基本技能，更能够在深度思考、独立探究的过程中形成批判性思维、创新思维等关键品质，为他们未来的学习与生活奠定坚实的基础。我们相信在未来的发展中"育贤思堂"教学模式将继续发挥其独特的优势与价值，为培养更多适应未来社会需求、具备高度综合素质与创新能力的优秀人才发挥作用。

钟建林

《教育评论》执行主编

《福建基础教育》编辑部主任

福建省教育学会小学数学教育分会会长

目 录

第一章 "育贤思堂"之研究背景

"育贤思堂"理念的提出，深植于福鼎市实验小学"育贤教育"的沃土之中，旨在直面当前小学数学课堂面临的挑战——学生思考动力不足、思维层次尚浅等问题。该主张积极响应新时代对培养创新型人才的迫切需求，强调在传授知识的同时，激发学生的深度思考与独立探究能力。它不仅是对传统教学模式的革新，更是对学生综合素养提升路径的积极探索。通过构建思维活跃的课堂生态，引导学生主动探索、勇于质疑，旨在培养具备批判性思维、创新能力及良好数学素养的未来栋梁，以适应并引领快速发展的时代需求。

具体而言，"育贤教育"更倾向于校园文化的整体构建，将立德树人、促进学生全面发展置于教育工作的核心，引导每位学生"集贤养正"，自我超越，成为德才兼备、社会所需的优秀人才，更侧重于"立德"。"育贤思堂"在已有"育贤教育"（主要是立德）的基础上强调基于学科特点的"树人"，更侧重于学生数学思维的发展和综合素养的提升。这恰恰顺应了小学数学课程教学改革的需求，呼应了新时代拔尖创新人才培养的诉求。

第 1 节 传承学校育贤文化

福鼎市实验小学的历史渊源可追溯至乾隆盛世的 1751 年，彼时名为"桐山书院"，距今已有 273 个春秋。在这漫长的岁月洗礼中，学校不仅

1

承载着深厚的文化底蕴，更秉持着"敬贤仰圣，培育英才"的崇高理念。学校紧密围绕党的教育方针，以历史为基石，与时代同频共振，提炼出"传百年书香，立君子风范"的独特学校精神。面向未来，学校矢志不渝地树立"以家国为念，做最好自己"的宏伟目标，以"集贤养正，厚学博艺"为校训，积极营造"见贤思齐，向上向善"的校风，以及"善贤容爱，修己达人"的教风与"近贤从善，求真敏行"的学风，向着"创名校、树贤师、育贤才"的"育贤教育"宏伟蓝图坚定迈进。

一、"育贤教育"的历史文化寻根

福鼎，这片教育沃土，因桐山书院逾 270 年的不懈耕耘而熠熠生辉。地处闽东北，与浙南接壤，其独特的地理位置与丰富的自然资源，孕育了农耕与渔牧文明的繁荣。作为中原文化与江浙文化入闽的门户，福鼎在历史上见证了多次人口迁徙与文化交融，儒释道文化在此深植，黄河流域与长江流域的文明习俗在此交汇。太姥山的神秘、翠郊古民居的古朴、瑞云寺的幽静……无不诉说着这片土地上的历史传奇与文化积淀。

儒家大师朱熹曾亲临福鼎讲学，其弟子杨楫等人在南宋时期成为著名理学家，此后更有林滋秀、谭伦等名人辈出，为福鼎的文化传承贡献卓越。而今，桐山书院旧址旁的育贤巷，依旧诉说着人杰地灵的故事，彰显着先贤们育贤养正、明贤尽善的精神追求。

"育贤"，这一古老而又常新的教育理念，不仅是中国教育传统的精髓，更是当今社会对教育的深切期许。从孔子的"见贤思齐"到孟子的"得天下英才而育之"，从墨子的"国有贤良之士众"到诸葛亮的"亲贤臣，远小人"，再到董仲舒的"学而优则仕"，历代先贤无不强调贤才对于国家与民族的重要性。在新时代的征程中，我们更加需要一批批德才兼备的"贤人""贤才"，以支撑国家的繁荣与发展。

因此，福鼎市实验小学紧扣"育贤养正"的核心，结合学校深厚的历史文化底蕴与教育教学优势，创新性地提出"育贤教育"的核心理念，致力于打造"育贤课堂",让学生在传承中创新,在创新中成长。我们坚信,通过"育贤教育"的实践与探索,定能培养出更多既有才干又有品德的新时代贤才,为实现中华民族伟大复兴的中国梦贡献力量。

在新时代的浪潮中,福鼎市实验小学秉持"立德树人,全面发展"的教育方针,聚焦"为谁培养人""培养什么人""怎样培养人"的根本问题,推动社会主义核心价值观深入校园,强化中国特色,坚定学生理想信念,促进其勤奋学习、勇敢探索,不断提升必备品格与关键能力。学校将"育贤"作为教育的关键词,传承优良传统,整合地域文化资源,促进学生德智体美劳全面发展,为实现基础教育的高质量发展贡献力量。

二、"育贤教育"的精神维度

"育贤教育"根植于福鼎深厚的文化底蕴,是对当地崇德尚文、尊贤重才传统的现代传承。该理念紧扣党的教育方针,将立德树人、促进学生全面发展置于教育工作的核心,旨在通过"集贤养正、厚学博艺"的办学理念,引导每位学生自我超越,成为德才兼备、社会所需的优秀人才。

为实现"育贤"目标,学校构建了全方位、多层次的办学体系,即"七件套"办学理念框架。学校精神聚焦于"传百年书香,立君子风范",旨在继承桐山书院的历史文脉,培育具有高尚品德与君子风度的学子;办学目标明确为"以家国为念,做最好自己",鼓励学生树立远大志向,将个人成长融入国家发展大局,同时追求卓越,成为社会的有用之才;在办学方式上,学校倡导"为生命调色,为成长立品",通过丰富的课程体系与特色活动,促进学生全面发展,同时注重品德教育,为学生终身发展奠定坚实基础;校训"集贤养正,厚学博艺"精炼概括了学校的价值追求,既强调品德修养与人格完善,也注重学识广博与技能多元;校风方面,"见贤思齐,向上向善"蔚然成风,激励着师生以先贤为镜,不断进取,营造积极向上的校园文化氛围;教风方面,"尚贤容爱,修己达人"，要求教师以身作则，以爱心与智慧引领学生，同时不断提升自我，实现教学相长；学风倡导"近贤从善，求真敏行"，鼓励学生向贤能之士学习，勇于探索真理，勤于实践，做到知行合一。

"育贤教育"不仅是对传统教育理念的继承与发展，更是新时代背景下对教育本质的深刻理解和实践探索。它要求学校在教育教学的每一个环节都融入"育贤"的核心理念，通过系统的办学理念体系，全面促进学生的综合素质提升，为社会培养出更多有理想、有道德、有文化、有纪律的新时代贤才。

三、"育贤教育"的办学特色

"育贤教育"作为学校办学的核心价值，其实现离不开以"育贤"为主题的全方位办学策略，涵盖特色项目的选择、特色发展的提质增效，以及特色品牌的塑造与推广。这一主线贯穿于学校教育的各个环节，旨在促进学生的全面发展与个性化成长，使之成为社会所需的栋梁之材。

1. 特色培育：精选项目，奠基育贤

学校特色是其成长的重要标志，由多方面因素共同塑造，包括师资、学生、硬件及文化积淀等。福鼎市实验小学依托其深厚的历史底蕴与丰富的资源，精心规划了三类特色项目：立礼蒙正项目，针对低年级学生，通过礼仪、书画、棋类及乐器演奏等活动，传承儒家"六艺"精神，旨在开蒙养正，培养学生的品德与行为习惯；激发志趣项目，针对中年级学生，涵盖茶艺、舞蹈、阅读、奥数、球类及田径等，旨在激发学生的学习兴趣和审美情趣，为其全面发展奠定基础；创意项目，基于STEAM教育理念，面向高年级或混龄社团，如机器人、航模、3D打印等，强调合作性探究，提升学生的创新能力与技术水平。

2. 特色发展：提质增效，深化育贤

特色项目的选定仅是起点，关键在于如何推动其成长与成熟，进而提升办学质量。福鼎市实验小学从课程、制度及目标三方面入手：课程建设，围绕"育贤教育"主旨，开发"育贤校本课程"，包括综合性、特长性及探究性课程，确保课程与特色项目紧密结合，促进学生德才兼备；制度支持，为特色课程提供全方位支持，包括师资配置、时间安排、场地设施及经费保障，确保项目顺利实施；目标管理，设定长短期目标，量化评价与督促，确保特色项目稳步推进，取得实效。

3. 特色品牌：内外联动，彰显育贤

特色项目的成熟促进了学校品牌的形成，而品牌的塑造则需内外兼修，实现辐射与扩散效应。学生品牌——"道技结合"，塑造"小贤士""小淑女"品牌，通过特色项目不仅提升学生的技能，更培养其志向、意志与综合素质，成为全面发展的典范；教师品牌——"匠心独具"，培养多专多能的"贤师"，鼓励教师自学与培训，提升教学能力与实践创新能力，引领特色项目发展。品牌宣传，通过校内外活动与交流，扩大品牌影响力，利用媒体宣传，争取外界支持与帮助，促进品牌可持续发展。总之，"育贤教育"在福鼎市实验小学的实践中，通过特色项目的精心选择与持续发展，以及特色品牌的内外联动，不仅提升了学校的办学质量，更培养了一批批德才兼备、个性鲜明的优秀学生，实现了学校与社会的共赢。这一模式为其他学校提供了有益的借鉴与启示。

四、"育贤教育"的校园文化建设思路

在"育贤教育"的价值引领下，福鼎市实验小学致力于构建一个培养贤人、孕育贤才的校园文化环境，旨在激发师生内心深处的正能量，促进个性化成长与全面发展。校园文化建设作为学校办学治校的关键任务，其核心在于校长领导下的全方位规划与实施，同时紧密融合师生的意志与需求，确保每一教育要素均聚焦于"育贤"这一核心理念。校园文化虽非课堂文化的直接呈现，却以其丰富的内容和"入境生情"的独特魅力，在潜移默化中影响师生。无声无息间，校园文化如春风化雨，润物无声，滋养着每一个成长的心灵。福鼎市实验小学围绕"育贤教育"

主题，系统性地推进校园文化建设。

1. 制度管理方面

制度是管理的基石，管理是办学成效的保障。福鼎市实验小学以"育贤教育"为核心理念，通过制度修订与管理转型，确保这一理念深入人心、落地生根。一是理念内化。通过多场次的报告会，深入解读"育贤教育"的内涵与外延，确保校领导、教师、学生乃至家长全面理解并认同这一理念。同时，构建从"一级理念"到"三级理念"的完整体系，使"育贤教育"在学校各个层面生根发芽。二是制度修订。全面清理并修订学校规章制度，剔除不利于"育贤"的旧规，增加激励措施，形成一套科学、规范、人性化的学校章程。各部门、各层面也需相应调整制度，确保全校上下步调一致，共同推进"育贤教育"。三是管理转型。管理即服务，学校管理层需转变观念，以"育贤"为核心，积极应对新挑战，采取灵活有效的管理策略，为全校师生提供有力支持，共同开创"育贤"新局面。

2. 景观与标识方面

景观与标识是校园文化的具象展现，福鼎市实验小学充分利用这些元素，营造浓厚的"育贤"氛围。大门与屏风设计，融合现代与传统元素，体现"育贤"主旨，厚重屏风上镌刻办学理念与办学历史，彰显学校文化底蕴；敬贤墙与先贤像，通过敬贤墙展示历史名贤事迹，树立孔子等先贤石像，引导学生敬仰先贤，传承美德；明贤道与修贤墙，在校园主道上铺设青石，刻写励志名言，在走廊或楼梯展示古今贤人成就与师生创意作品，激励学生修身立德、全面发展；形象标识与视导系统，设计以"书院"为元素的校徽与视导标志，广泛应用于校园各处，强化品牌形象，提升文化认同感。

3. 节庆与活动文化

节庆活动是学校文化的重要组成部分，福鼎市实验小学围绕"育贤教育"主题，组织丰富多彩的节庆活动。如，元旦，举办"敬贤养正"

诗歌朗诵会，激发师生爱国情怀与道德情操；清明，举办"书香润贤"书法展示比赛，弘扬传统文化，提升师生艺术修养；六一节，举办"童心传贤"系列活动，展示学生创意作品，评选"小贤士""小淑女"，激励学生全面发展；孔子诞辰日，纪念孔子，传承先贤智慧，培养学生感恩之心与明贤修心之志；国庆节，举办"近贤向上"读书成长交流活动，引导学生与祖国共成长，向先贤学习读书之道。

通过上述三方面的综合施策，福鼎市实验小学将"育贤教育"理念深植于校园文化之中，为学生成长铺设坚实基础，为教师发展搭建高效平台，为学校教育质量的提升注入强劲动力。育贤之路，唯贤是育，终将育人至贤。一人成贤，荣于一户；众人集贤，兴于邦国。今后，福鼎市实验小学将持续推进"育贤教育"，在敬贤、亲贤、学贤方面广泛动员，深入人心；在养贤、尚贤、至贤方面扬"贤风"、立"贤品"，积小善为大善，确保以德为先、全面发展的教育目标落实，确保学生个性化成长，做最好的自己，成为社会最需要的贤人、贤良、贤士，为中国特色社会主义事业贡献自己的才华和智慧！

第2节 直面学科教学困境

小学数学教学是基础教育的重要组成部分，它不仅关乎学生数学知识的积累，更影响着学生逻辑思维、问题解决能力及数学兴趣的培养。然而，在当前的小学数学教学中，尽管取得了不少成就，但仍存在一些亟待解决的问题。这些问题既涉及教学内容与方法，也关联到教育资源分配、教师素养及评价体系等多个方面，其最终影响的是学生综合素养的提升和未来持续学习的能力。

一、教材内容过于僵化

当前小学数学教材虽经多次修订，但仍存在内容更新滞后、与生活实际脱节的问题。部分教材过于注重理论知识的传授，而忽视了数学在日常生活中的应用价值，导致学生难以将所学知识与实际生活相联系，缺乏学习兴趣和动力。此外，教材内容的编排有时过于线性，缺乏层次性和探索性，不利于学生主动探究和创造性思维的培养。

在小学数学教学实践中，我们深刻认识到教材内容僵化对学生思维发展的局限性。尽管教材历经多次精心修订，但面对日新月异的时代变化，其内容更新速度仍显滞后，未能充分融入现代生活元素，导致学生感受到数学知识与日常生活之间存在明显隔阂。这种脱节不仅削弱了数学的趣味性和实用性，也抑制了学生对数学学习的热情与好奇心。

为了打破这一僵局，我们应当致力于教材内容的活化与创新，让学生在解决现实问题的过程中感受到数学的魅力与价值。教材的编排应更加注重层次性和探索性，通过设计一系列由浅入深、循序渐进的问题链，引导学生主动思考、积极探究，从而培养他们的逻辑性思维、批判性思维和创造性思维。

二、教育资源分配不均

在我国，城乡教育资源的分配不均对小学数学教育产生了深远的影响，尤其是对农村地区的学生而言，这一挑战尤为严峻。农村地区的小学，由于师资力量薄弱，许多数学教师可能身兼数职，难以专注于教学方法的创新与学生个性化需求的满足，限制了学生数学思维的深度发展。教学设施的相对落后和图书资料的匮乏，使得学生难以通过直观、生动的手段理解抽象的数学概念，影响了他们学习兴趣的激发和问题解决能力的培养。

相比之下，城市小学凭借丰富的教育资源和先进的教学设备，能够为学生提供更多元化的学习途径，如利用信息技术进行互动式教学、参与数学实验和竞赛等，这些都有助于拓宽学生的数学视野，促进其创新思维和批判性思维的发展。城乡及校际的教育资源差距，不仅加剧了教育不公平现象，也限制了非重点学校学生享受高质量数学教育的机会，进而可能影响他们未来的学业成就和职业发展。

关注并努力缩小城乡及校际间的教育资源差距，对促进全体学生数学思维能力的均衡发展具有重要意义。这需要政府、学校、社会及家庭等多方面的共同努力，通过政策扶持、资金投入、师资培训、资源共享等多种方式，为所有学生创造一个更加公平、优质的学习环境。

三、教学方法传统单一

部分教师仍沿用传统的讲授式教学，这种"一言堂"的模式虽有其历史渊源，却逐渐显露出对学生主体性和思维发展的忽视。在这种教学模式下，学生往往处于被动接受的状态，缺乏主动探索、积极思考的机会，这不仅抑制了他们的学习兴趣和动力，也限制了他们数学思维的自由翱翔。

数学，作为一门逻辑性强、应用性广的学科，其教学应当是一个充满互动、启发与创造的过程。教师应当转变角色，成为学生学习道路上的引导者和伙伴，鼓励学生多提问、多讨论、多实践，让课堂成为思维碰撞出火花的场所。通过设计富有趣味性和挑战性的数学活动，如数学游戏、项目式学习等，引导学生从多个角度审视问题，培养他们的逻辑思维、空间想象、抽象概括等能力，让学生在解决问题的过程中学会思考、学会创新。

此外，教师应减少对书本知识和习题练习的过度依赖，转而关注学生对数学概念的理解深度和广度，以及他们运用数学知识解决实际问题的能力。只有这样，学生才能在数学学习中摆脱机械记忆的桎梏，真正形成持久的数学素养，为未来的学习和生活奠定坚实的基础。

四、评价体系不完善

当前，许多学校仍然过分依赖考试成绩，甚至将其作为衡量学生数学学习成效的唯一标尺，这种单一的评价方式往往侧重于对知识掌握程度和解题技能的考查，却忽视了对学生思维能力、学习过程、学习态度以及创新能力等综合素质的全面评价。

数学思维是数学学习的核心，它关乎学生如何理解数学概念、构建数学逻辑、解决问题以及进行创新思考。然而，现行的评价体系往往未能给予这些方面足够的关注，导致学生即便能在考试中取得高分，也可能缺乏对数学本质的深刻理解，难以形成持久的数学兴趣和探索精神。

为了促进学生的全面发展，我们需要构建一个多元化、立体化的评价体系。这个体系应当既关注学生的学习成果，也重视他们的学习过程；既评价学生的知识掌握情况，也考查他们的学习态度、思维能力和创新精神。通过引入课堂观察、作业分析、项目评价、同伴互评等多种评价方式，我们可以更加全面、客观地了解学生的学习状况，为他们提供有针对性的指导和支持，促进他们数学思维的深度发展和综合素养的全面提升。

五、教师素养有待提升

部分教师受应试思维束缚，仅将数学视为记忆与练习的堆砌，错失了培养学生逻辑思维、批判性思考及积极情感态度的良机。这种"填鸭式"教学，短期或能提升分数，却长远地削弱了学生对数学的兴趣与探索欲，背离了数学教育启迪智慧、塑造人格的根本目的。

教育改革浪潮下，小学数学教师需具备深厚的专业知识与持续学习的热情，才能驾驭复杂多变的教学场景，激发学生的内在潜能。遗憾的是，部分教师因资源受限或认识不足，难以跟上时代步伐，教学中显露疲态，难以引领学生遨游于数学的广阔天地。教师应反思教学实践，创新教学方法，将数学教育与学生的生活实际、情感体验紧密相连，从而在传授知识的同时，点燃学生思维的火花，促进其综合素养的全面发展。

六、学生主体地位缺失

针对许多小学生对数学学习缺乏兴趣和动力的问题，教师应将数学知识融入生动有趣的教学情境中。例如，在讲解分数加减法时，可以设计"分蛋糕"的游戏，让学生通过实际操作理解分数的意义与运算规则，让数学变得触手可及且充满乐趣。同时，引入项目式学习，如"小小建筑师"活动，让学生在设计房屋模型时计算面积、周长，使他们在解决实际问题的过程中，主动探究数学知识，培养深入学习的习惯。

此外，鼓励学生提出问题至关重要。每堂课预留"疑问时间"，让学生提出自己对数学概念或习题的疑惑，教师则引导学生分析、讨论，共同寻找答案。这样的过程不仅锻炼了学生的思维能力，还促进了独立思考和判断能力的发展。通过这一系列的教学改革，旨在激发学生对数学的兴趣，变被动接受为主动探索，为他们的综合素质提升和未来发展奠定坚实的数学基础。

当前小学数学教育面临教材内容僵化、资源分配不均、教学方法单一、评价体系不健全、教师能力有待提升以及学生主体地位被忽视等挑战。为应对这些问题，亟须深化小学数学课堂教学改革，以激活课堂氛围，提升教学效率。更重要的是，要确保学生在课堂中成为主动学习者，增强他们的学习积极性、自主性和思维深度，从而全面提升小学数学教育质量。

第 3 节　提升学生综合素养

在科技日新月异的 21 世纪，人类社会正以前所未有的速度向前迈进，知识更新迭代的速度不断加快，新兴职业层出不穷，传统职业边界逐渐模糊。面对这样一个充满变数的未来，教育尤其是基础教育使命已远远超越了单纯的知识传授，而更加注重培养学生适应未来社会所需的核心能力——良好的思维品质。在小学数学教育中，这一趋势尤为显著，因为数学不仅是一门学科，更是一种思维方式的训练场，它能够有效地提升学生的逻辑思维、批判性思维、创新思维以及解决问题的能力，为学生终身发展奠定坚实基础。

一、时代背景和未来发展呼唤提升人才思维品质

随着互联网、人工智能与大数据技术的日新月异，我们正步入一个知识爆炸与技术创新并行的时代，这一进程不仅深刻改变了人们的生活方式，也促使职业市场经历着前所未有的转型与重塑。面对这一挑战，知识技能的更新换代速度加快，许多传统职业岗位因自动化技术的兴起而面临被替代的风险，同时新兴职业如数据科学家、人工智能工程师等则对从业者的综合素质与创新能力提出了更高要求。在这样的背景下，教育尤其是基础教育与高等教育的核心任务已远不止于知识的传授，更在于如何塑造学生的未来竞争力——学习力、思维力与创新力的培养。

数学思维，作为人类理性思维的基石，其重要性在新时代背景下更显突出。它不仅仅关乎数学公式的记忆与解题技巧的掌握，更是一种逻辑推理、抽象概括、批判性思考及问题解决能力的综合体现。在快速变化的世界里，具备良好数学思维的人能够更敏锐地捕捉信息，更高效地分析问题，更创造性地提出解决方案。因此，教育体系应当深刻认识到，培养学生的数学思维，就是为他们装备了一把开启未来之门的钥匙。

为此，数学教育需要实现从"教知识"到"育思维"的根本转变。教师应鼓励学生跳出固定框架，勇于质疑，敢于探索未知，通过项目式学习、探究式学习等方式，让学生在实践中学习，在问题中思考，在合作中成长。同时，利用互联网、人工智能等现代技术手段，为学生提供丰富的学习资源和个性化的学习路径，进一步激发他们的学习兴趣，培养他们的自主学习与终身学习能力。如此，方能培养出适应未来社会需求的、具备高度综合素质与创新能力的优秀人才。

二、未来社会几种重要的思维品质

未来社会充满了不确定性、快速变化和技术革新，这要求未来人才具备一系列适应性强、创新力高的思维品质。具体而言，需要具备以下几种思维。

一是创新思维。在数学领域，创新思维是推动数学理论发展和解决复杂问题的关键。数学家们常常需要跳出传统框架，提出新的假设、定理或证明方法。例如，非欧几里得几何的提出就是对传统欧氏几何的一次重大创新，它拓宽了人们对空间结构的认识。在数学教育中，鼓励学生尝试不同的解题思路，探索未知的数学领域，是培养其创新思维的重要途径。

二是批判性思维。数学是一门严谨的学科，对逻辑性和精确性有极高要求。因此，在数学学习中，批判性思维尤为重要。学生需要学会质疑假设、分析论证过程、评估结论的合理性。通过批判性思维，学生能够更好地理解数学概念，发现并解决数学问题中的潜在错误，从而提升数学素养。

三是系统思维。数学体系庞大且结构严密，各个分支之间相互联系、相互影响。系统思维在数学学习中尤为重要，它帮助学生从整体和全局的角度把握数学知识体系，理解不同概念、定理之间的内在联系。通过系统思维，学生能够更好地构建自己的数学知识网络，提高解题能力和综合运用能力。

四是适应性思维。在数学学习中，学生常常会遇到各种难题和挑战。适应性思维帮助学生灵活应对这些变化，调整学习策略和方法。例如，当遇到难以解决的数学问题时，学生可以尝试改变解题思路或寻求他人的帮助；当学习新的数学知识时，学生可以结合已有的知识经验进行理解和记忆。适应性思维有助于学生保持积极的学习态度，克服学习中的困难和挫折。

创新思维、批判性思维、系统思维、适应性思维等是不同学科的共性思维。具体到小学数学学科，阅读思维、信息思维、抽象思维、推理思维和建模思维等则是更为常见的思维。小学数学教学，应该借助这几种思维的教学，强化学生的思考过程，训练学生的思维品质，进而引导学生感悟常见的数学思想。

三、小学数学教育中培育思维品质的重要性

在小学数学课堂中，激发学生思考、提升学生思维及引导学生感悟不仅关乎学生数学素养的培育，更是对他们综合素质、创新能力乃至人生观的塑造具有深远意义。

一是能奠定终身学习的基础。小学数学作为基础教育的重要组成部分，其教学不仅仅是知识的传授，更是思维方式的启蒙。在小学阶段，学生的大脑正处于快速发育期，思维灵活且可塑性极强。此时，通过激发思考、提升思维，帮助学生建立起良好的学习习惯和思维方式，为他们的终身学习奠定坚实的基础。当学生学会如何独立思考、如何分析问题、如何创造性地解决问题时，他们将更加自信地面对未来的学习挑战，不断探索未知领域，实现自我成长。

二是能培养批判性思维和创新能力。在快速变化的现代社会中，批判性思维和创新能力已成为衡量人才的重要标准。小学数学课堂正是培养学生这些能力的绝佳场所。引导学生对数学问题进行深入思考，鼓励他们提出不同的见解和解决方案，帮助他们逐渐形成批判性思维的习惯。同时，在解决问题的过程中，学生需要不断尝试新的方法和思路，这无形中锻炼了他们的创新能力。当学生具备了批判性思维和创新能力时，他们将更加适应复杂多变的社会环境，成为推动社会进步的重要力量。

三是能促进跨学科学习和综合应用。数学作为一门基础学科，其知识体系和思维方法具有广泛的适用性。在小学数学课堂中激发思考、提升思维，不仅有助于学生在数学领域取得优异成绩，更能够为他们跨学

科学习和综合应用提供有力支持。例如，在解决实际问题时，学生可能需要运用数学知识结合其他学科的知识（如物理、化学、地理等）进行综合分析。这种跨学科的学习和应用能力将使学生在未来的学习和工作中更加游刃有余。

四是能增强自信心和成就感。当学生在数学课堂中通过积极思考、努力探索最终解决问题时，他们会获得极大的自信心和成就感。这种正面的情感体验将激励学生更加积极地投入数学学习中，形成良性循环。自信心和成就感也是学生心理健康的重要组成部分。它们能够帮助学生建立积极的自我认知和价值观，促进他们的全面发展。

五是能深化对数学价值的认识。在小学数学课堂中激发思考、提升思维并引导学生感悟思考的重要性，帮助学生深化对数学价值的认识。数学不仅仅是一门学科或一种工具，它更是一种思维方式和文化传承。数学中的逻辑推理、抽象概括、模型构建等思想方法不仅在数学领域具有广泛应用价值，更能够渗透到人类社会的各个领域。当学生深刻认识到数学的这些价值时，他们将更加珍视数学学习、热爱数学文化并愿意为之付出努力。

在小学数学课堂中，激发思考、提升学生思维并引导学生感悟思考的重要性不言而喻。它不仅是学生个人成长和发展的需要，更是社会进步和国家繁荣富强的必然要求。因此，我们应该高度重视这一工作，不断探索和实践有效的教学策略和方法，为学生的全面发展和社会进步贡献智慧和力量。面对未来社会的快速变化，小学数学教育必须转变传统的教学理念和方法，将培养学生的思维品质作为核心任务，有效地激发学生的学习兴趣和求知欲，提升他们的逻辑思维、批判性思维、创新思维和实践能力。只有这样，我们才能培养出适应未来社会需求的优秀人才，为社会的持续发展和人类的共同进步贡献力量。

第二章 "育贤思堂"之概念解析

本章聚焦"育贤思堂"教学与"育贤教育"中的核心文化——"育贤"精神,深入剖析其内涵与外延。特别地,我们将详细阐释"育贤思堂"中独具特色的数学"思堂"概念,这一创新教学模式不仅承载着数学知识的传授,更强调"思"的重要性。所谓"思堂",其核心在于激发学生的深层思考,培养其逻辑思维与创新能力,使数学学习成为启迪智慧、探索真理的殿堂。通过对"思"内涵的解析,旨在揭示"育贤思堂"如何以文化为魂,以思考为翼,促进学生全面发展,传承并弘扬"育贤"文化的精髓。

第1节 "育贤教育"之"育贤"文化

"育贤思堂"根植于福鼎市实验小学的"育贤教育"理念,其"育贤"文化是对福鼎悠久历史文化的现代性传承与创新,也是在新时代背景下对教育真谛的深入洞察与实践结晶。它不仅是对地域文化的弘扬,更是对教育使命的重新定位,强调在传授知识的同时,注重学生品德修养与智慧启迪,致力于培养既有深厚文化底蕴又具备创新精神的新时代贤才。了解"育贤教育"实践,既能找到"育贤思堂"的根,也更容易明了其研究重点。福鼎市实验小学的"育贤教育"不仅是对福鼎深厚历史文化底蕴的现代诠释,更是新时代背景下对教育本质的深刻洞察与实践探索。

16

一、福鼎市实验小学的"育贤教育"特色

1. 历史文化寻根："育贤精神"的深厚底蕴

"育贤"二字，不仅承载着中国教育传统的精髓，更寄托了当今社会对教育的深切期许。从孔子的"见贤思齐"到孟子的"得天下英才而育之"，历代先贤无不强调贤才对于国家与民族的重要性。在新时代的征程中，"育贤教育"正是对这一传统理念的继承与发展，旨在培养出一批批有德行、多才能的新时代贤才，为实现中华民族伟大复兴的中国梦贡献力量。

2. 精神维度："育贤教育"的核心理念与追求

"育贤教育"根植于福鼎深厚的文化底蕴，将立德树人、促进学生全面发展置于教育工作的核心，通过"集贤养正，厚学博艺"的校训，引导每位学生自我超越，成为德才兼备、社会所需的优秀人才。学校精神聚焦"传百年书香，立君子风范"，旨在培育具有高尚品德与君子风度的学子。

3. 办学特色：全方位育人策略的实践探索

"育贤教育"的实现离不开以"育贤"为主题的全方位办学策略。福鼎市实验小学依托其深厚的历史底蕴与丰富的资源，精心规划了三类特色项目，以促进学生全面发展与个性化成长（具体见第一章第1节）。

4. 校园文化建设思路：营造育贤育人的良好环境

在"育贤教育"的价值引领下，福鼎市实验小学致力于构建一个培养贤人、孕育贤才的校园文化环境。校园文化建设作为学校办学治校的关键任务，其核心在于校长领导下的全方位规划与实施，同时紧密融合师生的意志与需求，确保每一教育要素均聚焦"育贤"这一核心理念（具体见第一章第1节）。

综上所述，"育贤教育"在福鼎市实验小学的实践中展现出了强大的生命力和独特的魅力。通过历史文化寻根、精神维度探索、办学特色彰

显以及校园文化建设等多方面的努力，"育贤教育"不仅提升了学校的办学质量，更培养了一批批德才兼备、个性鲜明的优秀学生。这一模式为其他学校提供了有益的借鉴与启示，也为新时代背景下教育的创新与发展提供了宝贵的经验。未来，"育贤教育"将继续在福鼎这片教育沃土上茁壮成长，为培养更多新时代贤才贡献智慧和力量。

二、具有普适性的当代"育贤教育"之"育贤"文化

将福鼎市实验小学的具体做法上升到具有普遍意义的"育贤"文化层面时，我们首先要明确"贤"在当代小学教育中的核心内涵。在现代教育语境下，"贤"不仅指代传统意义上的品德高尚、学识渊博，更涵盖了创新精神、社会责任感、批判性思维、团队协作能力以及对多元文化的尊重与理解等综合素养。福鼎市实验小学通过一系列创新举措将这些"贤"的要素融入日常教学与校园文化之中，构建起了一种具有普遍指导意义的"育贤"文化。

一是品德教育与人格塑造：强化以社会主义核心价值观为引领的品德教育，通过故事讲述、角色扮演、社会实践等形式，让学生在潜移默化中树立正确的世界观、人生观、价值观，培养诚信、友善、尊重、责任等优秀品质，这是"育贤"之基。

二是知识传授与能力培养并重：在扎实的基础学科教学之外，注重培养学生的自主学习能力、创新思维能力和问题解决能力，通过项目式学习、探究式学习等教学模式，鼓励学生主动探索、勇于尝试，激发其内在潜能，使之成为既有深厚知识底蕴，又具备创新思维能力的未来贤才。

三是社会参与与责任担当：鼓励学生参与社区服务、公益活动，通过亲身体验理解社会责任的重要性，培养其社会责任感和公民意识，同时开展环保教育、公益项目策划等活动，让学生在实践中学会关爱他人、服务社会，成为有担当的"贤"者。

四是文化传承与创新：在尊重并传承中华优秀传统文化的基础上，鼓励学生接触并理解世界多元文化，培养其跨文化交流能力和全球视野，通过艺术、体育、科技等多元化课程和活动，激发学生的创造力和想象力，鼓励他们在传统与创新之间找到平衡，成为文化的传承者与创新者。

五是团队协作与领导力培养：通过团队项目、社团活动等平台，培养学生的团队协作精神和领导力，让学生在团队中学会沟通、协调与共赢，同时鼓励他们勇于担当、主动作为，为将来成为社会的领导者打下坚实的基础。

综上所述，"育贤"文化应是一种全方位、多维度的教育体系，旨在培养具有高尚品德、深厚学识、创新能力、社会责任感、跨文化交流能力和领导力的复合型人才。这样的"育贤"文化，不仅适用于福鼎市实验小学，更对全国乃至全球的小学教育具有普遍的借鉴意义。

第2节 "育贤思堂"之数学"思堂"

"育贤思堂"不仅是一个教学空间的命名，更是一种教育理念的深刻体现。其中，"育贤""育贤教育"等在前文已有诸多讨论，不再赘述。接下来，将重点讨论"思堂"的内涵及其价值和实现策略等。"思堂"二字，尤为引人注目，它不仅仅是对一个学习场所的简单描述，更是对小学数学教育核心价值的深刻诠释。在"育贤思堂"的愿景下，我们致力于在重视基础知识和基本技能教学的前提下，打造一个充满"思"之魅力的课堂，引导学生深度思考，提升思维品质，感悟数学思想。

一、筑牢"思堂"之基石

"育贤思堂"强调"思"的重要性，但不仅不否认基础知识和基本技能的重要性，反而更强调基础知识和基本技能的基础性作用。在这一阶段，学生需要掌握数的认识、四则运算、几何初步、简单的统计与概率等基础知识，以及与之相关的基本技能，如计算能力、逻辑推理能力等。这些基础知识和基本技能，如同构建数学大厦的砖石与钢筋，是学生进一步学习数学乃至其他学科不可或缺的基石。

在"育贤思堂"中，教师采用多样化的教学方法和手段，确保每位学生都能牢固掌握这些基础知识和基本技能。例如，通过游戏化学习激发学生的学习兴趣，利用信息技术手段使抽象的数学概念直观化、具体化，以及通过小组合作学习促进学生之间的相互帮助和共同进步。教师还要注重因材施教，针对不同学生的学习特点和需求，提供个性化的指导和支持，确保每位学生都能在原有基础上取得进步。

二、构建"思堂"之特色

"育贤思堂"的精髓在于课堂的"思"之特色，即引导学生深度思考，提升思维品质。在小学数学教学中，深度思考不仅有助于学生更好地理解和掌握数学知识，更能培养他们的逻辑思维能力、创新能力和解决问题的能力，为他们未来的学习和生活奠定坚实的基础。

1. 创设问题情境，激发思考欲望

"育贤思堂"，是一个充满问题和挑战的学习空间。教师以生动具体的生活实例为桥梁，巧妙地将抽象的数学概念转化为易于理解的问题情境。例如，在讲解分数概念时，教师会设计一个"分蛋糕"的情境，让学生思考如何将一块蛋糕公平地分给几位朋友，从而引出分数的概念及其在实际生活中的应用。又如，在教授比例知识时，教师会引导学生观察校园内树木与阳光的关系，通过测量树影的长度与树木高度的比例，让学生亲身体验比例在自然界中的存在与运用。此外，教师还会利用节假日或特殊事件作为教学契机，如利用超市打折促销的情境，让学生计算如何购买商品最划算，从而掌握百分数的应用；或是通过规划一次班级春游活动，让学生分组讨论预算分配、路线规划等问题，将数学中的统计、估算等知识融入其中。这些具体而贴近生活的例子，不仅让数学

课堂变得生动有趣，更让学生在解决实际问题的过程中，深刻感受到数学的魅力与价值，从而激发他们的思考欲望，培养他们运用数学知识解决实际问题的能力。

2. 引导探究学习，培养思维能力

在"育贤思堂"的教学实践中，教师鼓励学生深入探究，通过具体而生动的例子，让学习过程充满活力与深度。例如，在讲解"圆的性质"时，教师不仅直接讲授圆的定义和基本性质，还设计了一个"寻找生活中的圆"的任务。学生们走出教室，观察校园内的花坛、车轮、篮球等，记录下这些圆形物体的共同点与差异，进而通过小组讨论和实验验证，自行总结出圆的性质，如"圆上任意一点到圆心的距离相等"。又如，在教授"三角形内角和"时，教师不是直接给出结论，而是引导学生通过动手操作，探究三角形的三个内角之和。学生们用剪刀将三角形的三个角剪下，然后拼合在一起，惊讶地发现它们恰好能组成一个平角。这一发现不仅加深了学生对三角形内角和定理的理解，还培养了他们的动手操作能力和空间想象能力。这些具体而生动的例子，让学生通过亲身实践，感受到了知识的力量和探究的乐趣，从而更加热爱学习，乐于思考，勇于探索未知的世界。

3. 加强过程渗透，领悟数学思想

数学的魅力远不止于数字与公式的堆砌，更在于它蕴含的思想方法与哲学智慧。在"育贤思堂"这一教育殿堂中，教师应致力于让学生在掌握知识技能的同时领悟数学的深层意蕴。具体而言，教师应精心设计每一堂课，力求让学生在亲历数学知识的形成过程中，不仅学会如何计算、如何证明，更懂得这些知识的来龙去脉，理解其背后的逻辑与意义。以四则运算为例，教师不仅仅满足于教会学生加减乘除的法则，而是引导他们深入思考运算的本质——为何会有这样的规则？这些规则是如何在解决实际问题中展现其力量的？通过这样的引导，学生得以窥见数学运算背后的逻辑之美，从而更加牢固地掌握这一基础技能。在几何图形的教学中，教师更要通过丰富的实例和生动的演示，让学生感受到图形的变换之美、对称之美，从简单的平移、旋转到复杂的图形拼接、变换中体会探索的乐趣与发现的惊喜，不仅学会如何观察、如何分析，更学会如何欣赏数学之美，如何将这种美融入自己的思考与创造之中。

"育贤思堂"使学生得以在数学的海洋中畅游，不仅收获知识与技能，更领悟到数学思想的精髓与魅力，进而懂得用数学的眼光观察世界，用数学的思维思考问题，用数学的语言表达见解，提升数学素养。

三、提升"思堂"之价值

在"育贤思堂"这一教育理念的引领下，提升学生的思维品质成为教学的核心目标。思维品质，作为衡量一个人思维能力和智力水平的重要指标，不仅关乎学生当前的学习成效，更深远地影响他们的未来发展和人生轨迹。

1. "思堂"能促进学生理解知识本质

理解知识本质是学生学习旅程中的基石，而思维品质的好坏是攀登这座基石高峰的阶梯。思维品质优越，能够极大地促进学生深入理解知识的本质，具体体现在以下几个方面：

其一，能深刻洞察知识内核。拥有卓越思维品质的学生，在接触新知识时能够迅速穿透表面现象，直达知识的核心与本质。他们擅长运用批判性思维，审视知识的来龙去脉，不仅知其然，更知其所以然。这种能力在数学学习中尤为显著，如理解数学概念背后的逻辑联系、推导公式时的思维链条等，使学生能够构建起坚实的知识框架。例如，在学习分数时，不仅要求学生掌握分数的定义和计算法则，更要鼓励他们思考分数背后的逻辑意义——部分与整体的关系。

其二，能构建知识间的联系。良好的思维品质还体现在学生能够将孤立的知识点串联起来，形成完整的知识网络。他们善于运用联想、类比等思维方式，发现不同知识点之间的内在联系和共通规律。这种能力有助于学生从整体上把握知识体系，深刻理解知识的本质和内在联系，从而在解决问题时能够灵活运用所学知识，触类旁通。在小学数学中，许多概念和方法都是相互关联的，如加法与减法的互逆关系、乘法与除法的本质联系以及分数、小数、百分数之间的转换规律。跨概念的整合学习，能让学生从不同角度审视问题，形成更加全面和深刻的理解。

其三，能主动探索知识边界。具备优秀思维品质的学生不满足于书本上的知识，拥有强烈的好奇心和探索欲，勇于挑战未知领域，主动探索知识的边界。在数学课堂上，教师可以设置一些开放性的问题或项目，让学生尝试用所学的数学知识去解决实际问题或探索新的数学现象，他们可能会提出质疑，尝试从不同角度思考问题，甚至尝试自己推导新的定理或公式。这种主动探索的精神，不仅加深了他们对知识的理解，还能让他们在实践中不断试错、反思和调整，从而培养出坚韧不拔的探索精神和解决问题的能力。

思维品质好能够极大地促进学生理解知识的本质，使他们具备深刻洞察知识内核的能力，能够构建知识间的联系，形成完整的知识体系，也能激发学生的探索精神，使他们勇于挑战未知，不断拓宽知识的边界。

2. "思堂"能促进学生提高学习效率

学习效率是衡量学生学习效果的重要指标之一。"思堂"，作为一种注重思维培养与高效学习的教学模式，在小学数学教育领域展现出了其独特的魅力与价值，能促进学生提高学习效率、深化知识理解的教育理念。具体体现在以下方面。

其一，"思堂"通过强化学生的思维能力，使他们能够快速定位学习重点。在小学数学的学习中，面对纷繁复杂的题目和概念，学生往往容易迷失方向，陷入细节纠缠中。而"思堂"通过设计有针对性的思维训练，如逻辑推理、问题解构等，帮助学生培养敏锐的问题识别能力。他们能够迅速从题目中提取关键信息，准确判断问题的核心所在，从而避免在次要信息上浪费时间和精力。这种快速定位重点的能力，直接提升了学生的解题速度和准确率，使学习效率得到显著提升。

其二，"思堂"鼓励学生灵活选择解题方法，以适应不同题目类型和难度的需求。数学是一门充满变化与挑战的学科，解题方法的多样性是其显著特点之一。在"思堂"中，教师会引导学生掌握多种解题策略，并教会他们如何根据题目特点和个人优势进行灵活选择。这种灵活性的培养，不仅提高了学生的解题效率，还增强了他们的自信心和应对复杂问题的能力。当学生面对难题时，不再感到无助和迷茫，而是能够迅速调动所学知识，尝试多种方法，直至找到最佳解决方案。

其三，"思堂"重视学习过程中的反思与总结，这是提高学习效率的关键环节。在"思堂"里，学生被鼓励在完成学习任务后，主动回顾自己的学习过程和解题步骤，进行自我评估和反思。他们会思考：自己在解题过程中遇到了哪些困难？是如何克服的？还有哪些地方可以做得更好？这种反思与总结的习惯，有助于学生及时发现并纠正自己的错误，不断优化学习策略，提高学习效率。同时，它还能帮助学生巩固所学知识，形成更加完整和深刻的理解。

"思堂"通过强化学生的思维能力、鼓励灵活选择解题方法和重视反思与总结，有效促进学生提高学习效率。在"思堂"的引领下，学生不仅能够更快地掌握数学知识，还能在解决问题的过程中培养起良好的思维习惯和学习态度，为未来的学习和发展奠定坚实的基础。

3. "思堂"能促进学生迁移应用知识

知识的迁移应用能力是衡量一个人综合素质的重要标准之一，而思维品质直接影响学生的知识迁移能力。"思堂"能促进学生思维品质发展，进而提升迁移应用知识的能力。具体体现在以下方面。

其一，"思堂"强调的是思维的灵活性与深度，这为学生实现跨学科迁移提供了强有力的支持。在小学数学教学中，教师可通过设计跨学科的情境任务，如引入生物学的生长模型，让学生尝试用数学函数描述动植物种群的增长趋势。此外，数学作为一门基础学科，其知识和方法在其他学科中也有着广泛的应用。例如，在物理学习中，学生需要运用数学知识来解决力学、电磁学等问题；在生物学习中，学生需要通过数学模型来分析生物种群的增长规律等。具有良好思维品质的学生，能够灵活运用所学的数学知识和方法，解决其他学科中的问题，实现知识的跨学科迁移。

其二，能更好地实现实际问题解决。数学学习的最终目的是为了解决实际问题。具有良好思维品质的学生，在面对实际问题时能够迅速将所学的数学知识和方法应用于其中，找到问题的解决方案。在日常教学中，教师可以通过模拟生活场景，如购物时的找零问题、规划旅行路线以最小化成本等，引导学生运用加减法、比例、最优化等数学知识来找到最佳解决方案。例如，在学习了相似三角形的有关知识后，学生可以将其应用于测量河宽、山高等实际情境中，从而加深对知识的理解和应用。这样的实践活动不仅让学生感受到数学与生活的紧密联系，更锻炼了他们将抽象概念转化为具体行动的能力，使数学学习不再是纸上谈兵，而是真正服务于生活的需要。

其三，"思堂"鼓励学生在迁移应用知识的过程中勇于创新与发现。具有良好思维品质的学生，能够在迁移应用知识的过程中发现新的问题和规律，提出新的解决方案和思路。学生不仅是在应用已有的知识，更是在此基础上进行创新和发现。在数学课堂上，教师可以设置开放性问题或项目式学习任务，如设计一座桥梁并计算其承重能力、探索不同形状纸片的折叠方式对面积的影响等，鼓励学生跳出常规思维框架，运用所学知识进行创造性思考。在这样的过程中，学生不仅巩固了基础知识，更在尝试与探索中发现了新知，培养了创新思维和批判性思维能力。这种创新和发现的能力不仅有助于他们解决当前的问题，更为他们未来的学习和工作奠定了坚实的基础。

"思堂"作为一种促进学生思维品质发展的教学模式，不仅帮助学生实现了知识的跨学科迁移和实际问题的解决，更在潜移默化中激发了他们的创新意识与发现能力，为学生的全面发展铺设了一条宽广的道路。

4. "思堂"能促进学生获得持续发展

在"育贤思堂"这一教育理念的引领下，提升学生的思维品质被赋予了深远的意义，它超越了单纯应对当前学习任务的范畴，而是为学生铺设了一条通往未来成功与幸福的坚实道路。思维品质的优化不仅能塑造学生面对复杂世界的勇气与智慧，更能激发他们持续成长与创新的无限潜能。思维品质好的学生在持续发展方面，具备以下优势。

其一，更善于应对复杂多变的社会环境。随着社会的快速发展和变化，未来的社会环境将变得更加复杂多变。在这个日新月异的时代，新问题、新挑战层出不穷，要求个体具备高度的适应性和应变能力。具有良好思维品质的学生能够在信息海洋中筛选有效信息，运用逻辑思维和批判性思维分析复杂问题，从而在快速变化的社会环境中保持清醒的头脑，做出明智的决策。

其二，更具备终身学习的能力。在信息爆炸的时代背景下，终身学习已成为人们适应社会发展的必然选择。具有良好思维品质的学生，往往也具备强烈的好奇心和求知欲，能够主动探索未知领域，不断学习新知识、新技能和新方法。这种终身学习的能力，将使他们在未来的职业生涯中保持竞争力，适应不断变化的职业需求。

其三，具备更强的创新与创造能力。在创新驱动发展的时代背景下，创新与创造能力已成为衡量一个人综合素质的重要标准之一。"育贤思堂"注重激发学生的想象力和创造力，鼓励他们敢于挑战传统，勇于提出新观点、新方案。这类学生，拥有敏锐的洞察力和丰富的想象力，能够洞察问题的本质，发现潜在的机遇。他们敢于尝试，勇于实践，将创新的火花转化为推动社会进步的实际行动。这种创新与创造的能力，不仅为他们个人的成长与发展注入了强大动力，更为社会的进步与发展贡献了宝贵的智慧与力量。

"育贤思堂"通过提升学生的思维品质，帮助学生更好地理解知识本质、提高学习效率、迁移应用知识并获得持续发展，不仅为他们当前的学习任务提供了有力支持，更为他们未来的全面发展奠定了坚实基础。在这一理念的指引下，学生将成长为适应复杂社会环境、具备终身学习能力、勇于创新与创造的优秀人才，为社会的繁荣与进步贡献自己的力量。

第3节 "思堂"之"思"的内涵解析

"育贤思堂"不仅承载着知识的传授，更致力于学生思维能力的培养与提升。其中，"思堂"二字尤为强调对学生思考过程的引导与深化，具体蕴含了三层深刻的意义，即引导学生经历深度思考、提升数学思维、体悟数学思想。以下将重点阐述这三层境界的内涵及其价值。

第一层：引导学生经历深度思考

深度思考，是相对于浅尝辄止、表面化的思考而言的。它要求个体在面对问题时，能够超越表象，深入问题的核心与本质，进行多维度、多层次、多角度的分析与推理。这种思考方式不仅关注问题的直接答案，更重视思考的过程、方法以及思考背后的逻辑与原理。

小学数学不仅是数字与计算的简单堆砌，更是培养学生逻辑思维和问题解决能力的起点。在这一阶段，教师需精心设计教学活动，鼓励学生超越表面的算式和答案，深入探究数学概念的内在逻辑与联系。例如，在教授"分数加减法"时，教师不应仅仅满足于学生掌握计算方法，而应引导他们理解分数的意义，探索分数加减背后的逻辑——即部分与整体的关系。这样的深度思考过程，不仅能促进学生对小学数学知识的系统掌握和认知能力的全面发展，还能有效培养他们的批判性思维。学生将学会质疑、分析题目中的信息，不盲目接受教材或教师的结论，而是通过自己的思考和推理来验证答案的正确性。同时，面对复杂多变的数学问题，他们也将更加从容地找到问题的根源，提出并验证多种解决方案，从而显著提升实际问题解决能力。

第二层：引导学生提升数学思维

数学思维，是数学学科特有的思维方式，它强调逻辑性、抽象性、精确性和创造性。数学思维不仅关注数学知识的掌握与应用，更重视数学方法、数学思想和数学精神的培养。它要求学生在解决数学问题的过程中，运用逻辑推理、抽象概括、数学建模等方法，发现数学规律，解决实际问题。

在小学数学课堂上，教师可以通过一系列精心设计的活动，如数学游戏、探究性学习项目等，引导学生运用逻辑推理解决问题。如，在教授"加减法"时，教师可以设计"凑十法"等策略，让学生在实践中体会数学运算中的逻辑规律，从而培养他们的逻辑思维能力。数学思维还强调抽象概括能力的培养。教师可以通过观察、比较、分类等活动，引导学生从具体的事物中抽象出共同的特征和规律，进而形成对数学概念的深入理解。这种抽象概括的过程，不仅能够帮助学生更好地掌握数学知识，还能够培养他们的抽象思维能力和创新能力。

第三层：引导学生体悟数学思想

数学思想是数学学科的核心与灵魂，揭示了数学的本质特征和内在规律。数学思想不仅包括数学的基本概念、定理和公式，更蕴含了数学家的智慧、数学文化的精髓以及数学对人类文明的贡献。体悟数学思想，就是让学生深入理解数学的内在美和价值，感受数学与人类社会的紧密联系。

在教学过程中，教师应巧妙地融入数学史的故事，让学生聆听欧拉、高斯等数学巨匠的传奇，感受他们探索未知、勇于挑战的勇气与执着，从而培养学生追求真理、不懈探索的人文素养。通过解析经典数学问题，如哥德巴赫猜想、费马大定理等，让学生领略数学的深邃与美妙，激发他们对数学的热爱与敬畏之情，增强科学精神，学会以严谨的态度和科学的方法去认识世界、解决问题。感悟数学思想能够促进学生的全面发展，不仅会用数学的眼光观察世界，用数学的思维思考问题，而且形成正确的世界观、人生观和价值观，为他们未来的学习、工作和生活奠定坚实的基础，提升他们的综合素质和竞争力。

综上所述，"育贤思堂"中的"思堂"之思，通过引导学生经历深度思考、提升数学思维、体悟数学思想的三层境界，旨在培养学生的思维能力、创新精神和人文素养，为他们未来的学习和发展奠定坚实的基础。

第三章 "育贤思堂"之运算思维培养

运算思维，指个体在面对复杂多变的信息环境时，能够运用科学的思维方式和方法，有效识别、获取、评价、整合、创造和利用信息以解决实际问题的能力。运算思维，作为数学乃至科学领域中的核心概念，其内涵丰富而深远，不仅关乎基本的算术操作，更涉及逻辑思维、抽象思维、问题解决策略等多个层面的能力。现从多个角度深入剖析运算思维的含义、构成要素、发展过程等，它融合了批判性思维、创新思维、系统性思维等多种思维模式，是信息时代下个体适应社会发展的关键能力。

第1节 运算思维的内涵解析

运算思维，指个体在解决数学及相关问题时展现出的一系列思维活动和能力的总和。它不仅仅局限于加减乘除等基本的算术运算，而是涵盖了代数运算、几何变换、逻辑推理、数据分析、数学建模等多个方面。运算思维要求个体能够灵活运用数学知识和方法，对问题进行深入分析、抽象概括、逻辑推理和创造性解决。

运算包含以下内容：一是逻辑思维。运算思维的核心在于逻辑，要求个体在解决问题时，能够遵循一定的逻辑规则，进行有条理、有步骤的推理，这种逻辑思维不仅体现在数学证明中，也贯穿于日常生活的决策过程中。二是抽象思维。运算思维具备抽象性，要求个体从具体情境中抽象出数学概念和关系，进而用数学语言进行描述和推理，这种抽象能力对于理解复杂现象、构建数学模型至关重要。三是问题解决策略。运算思维体现在问题解决的过程中，要求个体能够识别问题的关键信息，选择合适的数学工具和方法，制订有效的解决方案，并对结果进行验证和评估。

运算思维是一个复杂的系统，由多个相互关联的要素构成。这些要素共同作用于个体的思维过程，促进运算思维的发展。运算思维的构成要素如下：一是数学基础知识。数学基础知识是运算思维的基础，包括数学概念、定理、公式等基本知识元素以及基本的算术运算、代数运算、几何变换等基本技能，这些知识和技能的掌握程度直接影响个体在解决数学问题时的效率和准确性。二是逻辑思维方法。逻辑思维方法是运算思维的核心，包括归纳推理、演绎推理、类比推理等多种思维方法，帮助个体在解决数学问题时有条理地进行思考和分析，找到问题的症结所在并提出有效的解决方案。三是问题解决策略。问题解决策略是运算思维的重要体现，要求个体在面对数学问题时能够灵活运用所学的数学知识和方法，制订合适的解决方案并付诸实施。运算思维的发展是一个循序渐进、逐步深化的过程，受到个体的认知发展水平、教育环境、文化背景等多种因素的影响和制约。一般而言，运算思维的形成包括四个阶段。

在初步形成阶段，个体主要通过感知和操作接触和理解数学，如通过摆弄实物、进行简单的算术运算等活动，逐渐建立起对数学的初步认识和兴趣。在这个阶段，个体的运算思维还处于萌芽状态，主要依赖于直观感知和经验积累。

在逐步发展阶段，随着认知水平的提高和教育环境的改善，个体的运算思维逐步发展，开始能够运用所学的数学知识和方法解决一些简单的数学问题。在这个阶段，个体的逻辑思维能力和问题解决能力逐渐增强，开始能够进行一些初步的推理和判断。

在深化提升阶段，个体的运算思维得到了进一步的提升和拓展，开始能够运用更高级的数学知识和方法去解决更复杂的数学问题，创新思维得到发展，能够尝试从不同的角度和层面去思考问题并提出新的解决方案。在这个阶段，个体的运算思维已经具备了较高的水平和深度。

在创新应用阶段，个体的运算思维已经达到了一个较高的水平，不仅能够熟练地运用所学的数学知识和方法去解决各种数学问题，还能够将这些知识和方法应用到其他领域中去解决实际问题。这种跨领域的应用不仅展示了运算思维的广泛性和实用性，也体现了其对个人成长和社会进步的重要作用。

第 2 节　运算思维的主要特点

运算思维作为数学素养的核心组成部分，不仅贯穿于日常的数学学习中，更是学生逻辑思维、问题解决能力和创新能力培养的重要基石。运算思维，是指学生在进行数学运算时展现出的思考方式、策略选择、逻辑推理及结果检验等综合能力，具有几个显著特点。

一、基础性

扎实的数学基础知识是运算思维培养的基石。在小学数学中，加减乘除、分数、小数、百分数等基本运算技能，不仅是学生掌握数学语言、理解数学逻辑的起点，更是他们运算思维发展的坚实支撑。这些基础知识的熟练掌握，如同为学生铺设了一条通往数学殿堂的坚实道路，让他们能够自信地迈出探索的步伐。教师需要精心规划系统的教学计划，通过循序渐进的教学安排，确保每位学生都能稳扎稳打地掌握这些基础知识。教师还需运用多样化的教学手段，如直观演示、动手操作、小组合作等，激发学生的学习兴趣，促进他们对知识的深入理解和内化。

值得注意的是，运算思维的培养不仅关乎数学学科本身的发展，更是其他学科学习的重要基础。无论是物理中的公式计算，还是化学中的反应方程式配平，乃至经济中的数据分析与预测，都离不开扎实的运算能力作为支撑。因此，加强小学数学基础知识的巩固与拓展，对于培养学生的运算思维乃至提升他们的综合素养非常重要。

二、系统性

数学知识体系，犹如一座宏伟的城堡，其内部各个知识点紧密相连，共同构建了一个严密且逻辑自洽的王国。运算思维的培养，正是要引领学生在这座城堡中穿梭，不仅掌握每一块砖石的特性，更要理解它们如何相互支撑，共同构筑起数学的壮丽景观。因此，教师需要引导学生站在全局的高度，审视数学知识体系的全貌，理解各个知识点之间的内在联系与逻辑关系，形成系统的数学思维和运算能力，使他们在面对复杂问题时能够游刃有余地调动所学知识，找到解决问题的最佳路径。以"分数加减法"的教学为例，教师不应孤立地教授这一知识点，而应将其置于更广阔的数学背景之中，通过与整数加减法、小数加减法等内容的对比与联系，帮助学生认识到这些运算在本质上的共通之处与细微差别。这种跨知识点的联系与对比，不仅能够加深学生对分数加减法运算规律的理解，还能够促进他们对数学知识体系的整体把握，从而在运算思维的培养上迈出坚实的一步。

三、灵活性

运算思维的一个重要特点是灵活性。在数学运算中，同一问题往往有多种解决方法和策略。因此，学生需要具备灵活选择运算策略的能力，根据问题的具体情况和自身特点，选择最合适的运算方法。这种灵活性不仅体现在对运算方法的选择上，还体现在对运算过程的调整和优化上。在解决复杂的数学运算，如冗长的加法序列或复杂的乘法问题时，学生展现出的灵活性尤为耀眼。他们学会运用凑整、分组、拆分等策略，巧妙地化繁为简，将原本看似棘手的计算过程变得流畅而高效。这种对运算过程的灵活调整和优化，不仅能锻炼学生的数学技能，更能培养他们的创新思维和问题解决能力。

为了培养学生的这种灵活性，教师在日常教学中扮演着至关重要的角色。他们通过设计开放性问题、组织小组讨论、引导学生探索多种解题路径等方式，鼓励学生跳出固定思维模式的束缚，勇于尝试和比较不同的方法。在这个过程中，学生们学会了从不同角度审视问题，学会了权衡利弊，最终选择最适合自己的运算策略。

四、创造性

运算思维还蕴含着创造性。在数学运算中，学生需要运用已有的知识和经验，结合问题的实际情况进行创新性的思考和探索。创造性思维的培养是运算思维培养的高级阶段，要求学生能够突破常规思维模式的束缚，勇于尝试新的方法和思路。面对那些挑战常规、别开生面的数学问题，学生被激发去运用类比、归纳、猜想等创造性思维工具。这种创造性的解题过程，不仅能够加深学生对数学原理的理解，更能激发他们的好奇心、想象力和创新精神。

为了有效培养这种创造性思维，教师需扮演好引导者和激励者的角色，鼓励学生敢于对既有知识提出质疑，勇于踏入未知领域进行探索，并在这一过程中给予学生足够的自由度与发挥空间，让思维的翅膀自由翱翔。通过组织小组讨论、开展数学游戏、设计开放性问题等多样化的教学活动，教师可以为学生营造一个充满创意与活力的学习环境，让运算思维的光芒在每一位学生的心中闪耀。

五、逻辑性

数学运算的本质是一种严密的逻辑推理过程。在这一过程中，学生需严格遵循数学的基本定律与运算规则，不仅要掌握加法、减法、乘法、除法等基础运算技能，更要理解这些运算背后的逻辑支撑——如结合律、交换律等。为了培养学生的逻辑性，教师应带领学生深入探索数学概念与运算规则之间的内在联系，揭示其背后的逻辑链条，帮助学生构建起清晰、系统的数学思维框架。通过生动的例题讲解，教师可以将抽象的数学概念具象化，让学生在解决实际问题的过程中感受逻辑的力量。同时，大量的课堂练习也是不可或缺的，它们如同磨刀石，不断锻炼学生的逻辑推理能力，使他们在面对复杂问题时能够迅速找到解题的钥匙，提高解题的准确性和效率。

六、严谨性

运算思维的严谨性，深刻体现在对运算全过程及最终结果的精确把控上。在四则运算、分数、小数乃至更复杂的数学运算中，任何细微的疏忽，如错位的数字、遗漏的符号，都可能如多米诺骨牌般引发连锁反应，导致整个解题过程的崩溃或结果的错误。因此，培养学生具备一丝不苟的数学态度和严谨的运算习惯至关重要。教师需在日常教学中，潜移默化地引导学生养成细心观察、耐心验证的好习惯。每完成一个运算步骤，都应鼓励学生进行自我检查，确保无误后再进行下一步。在解决复杂数学问题时，教师可以设置明确的指导步骤，要求学生详细记录解题思路和计算过程，这不仅有助于理清思路，更能在后续验证中快速定位潜在错误。通过频繁的练习和教师的正面反馈，学生能够逐渐内化这种严谨性，形成稳定的数学运算习惯，为日后的数学学习乃至其他学科的学习奠定坚实的基础。

七、实践性

运算思维的培养离不开实践活动的支撑。数学运算本身就是一种实践活动，它要求学生通过动手操作、实践探索等方式来理解和掌握数学知识和技能。因此，教师在教学中应注重设计实践活动环节，让学生在实践中体验数学运算的乐趣和价值。例如，教师可以组织学生进行数学游戏、数学竞赛等活动，让学生在游戏中学习和运用数学知识；还可以引导学生参与数学实验和探究活动，让他们在实践中发现问题、解决问题并提升运算能力。实践性还体现为具有广泛的应用价值，在其他学科和现实生活中发挥着重要作用。教师在教学中应注重培养学生的应用意识和能力，引导他们将所学的数学知识和技能应用到实际生活中。例如，在教授"分数加减法"时，教师可以将其与购物、烹饪等实际情境相结合，让学生在解决实际问题的过程中体验分数的应用价值；在教授"百分数"时，可以将其与利息计算、折扣优惠等实际问题相结合，让学生在应用中加深对百分数的理解和掌握。这种应用性的培养不仅可以提高学生的数学素养和综合能力，还可以激发他们的学习兴趣和动力。

八、反思性

运算思维的培养还体现在学生的反思能力上。反思是学生对自己学习过程和结果进行深入思考和总结的过程，有助于学生发现自身存在的问题和不足，并寻求改进的方法和途径。在运算过程中，学生需要不断反思自己的运算方法和策略是否合理有效；在运算结束后，学生还需要对自己的运算结果进行检验和反思，判断其是否准确无误。这种反思性的培养需要教师引导学生养成自我反思的习惯和方法，鼓励他们对自己的学习过程和结果进行深入的思考和总结。通过反思，学生可以不断发现自身的不足并寻求改进的方法，从而不断提升自己的运算能力和思维水平。通过不断的反思，学生可以逐渐掌握有效的运算方法和策略，提高运算速度和准确性，还可以发展出良好的数学素养和综合能力。

小学数学教学中运算思维的特点相互关联、相互促进，共同构成了运算思维的完整体系。为了有效培养学生的运算思维，教师需要在教学实践中不断探索和创新，注重教学方法的多样化和教学手段的现代化，还需要关注学生的个体差异和发展需求，因材施教，为每个学生的全面发展提供有力的支持。

第 3 节　运算思维的培养价值

运算思维，不仅是数学技能的直接体现，更是促进学生全面发展和社会适应能力提升的重要桥梁。它不仅仅关乎数字的加减乘除，更蕴含着逻辑推理、抽象思维、问题解决、创新思维等多方面的能力培养。以下将从五个方面详细阐述运算思维的多维价值。

一、运算思维有助于提高计算能力

运算思维最直接的价值在于提升学生的计算能力。计算能力是数学学习的基础，也是日常生活中不可或缺的技能。运算思维通过系统的训练，使学生掌握各种运算法则和技巧，从基本的加减乘除到复杂的方程求解、函数运算等，都能得心应手。这一过程不仅能增强学生的数学技能，还能培养他们的耐心、细致和精确性，这些品质在日后的学习、工作乃至生活中都至关重要。

更重要的是，运算思维教会学生如何灵活运用算法，根据问题的具体情况选择最优解决方案。这种灵活性和创造性思维的培养，远远超出了单纯提高计算速度或准确度的范畴，使学生能够在面对复杂问题时迅速找到切入点，高效解决问题。

二、运算思维有助于促进问题解决

运算思维的核心在于"运算"背后的逻辑思考和问题解决能力。在解决数学问题的过程中，学生需要分析问题、设定变量、建立模型、进行运算并验证结果，这一系列步骤锻炼了他们的逻辑思维、批判性思维和创造性思维。当遇到非数学领域的问题时，这种思维方式同样适用，因为它教会学生如何抽丝剥茧，将复杂问题分解为简单子问题，逐一解决，最终达到解题目的。

此外，运算思维还培养了学生的耐挫能力和持续探索的精神。在数学学习中，难题是常态，学生需要不断尝试、调整策略，直至找到正确答案。这种经历让学生学会了面对挑战时的坚持与不放弃，对于未来生活中可能遇到的各种困难和挑战，他们将有更强的心理承受能力和解决问题的能力。

三、运算思维有助于理解建模思想

数学建模是将现实问题抽象为数学问题，并利用数学方法进行求解的过程。运算思维在此过程中扮演着至关重要的角色，要求学生不仅掌握数学知识和运算技能，更要具备将实际问题转化为数学问题的能力，即建模能力。通过运算思维的培养，学生能够学会如何识别问题中的关键信息，如何设定合理的假设，如何构建数学模型，并通过运算求解来验证模型的合理性。

建模思想的培养对于学生未来的学习和工作具有重要意义。在现代社会中，无论是科学研究、工程技术、经济管理还是日常生活，都离不开数学建模的应用。具备良好运算思维的学生，将更容易适应这些领域的需求，成为解决问题的高手。

四、运算思维有助于提升数学素养

数学素养指个体在认识、理解和应用数学方面的综合能力和修养。运算思维作为数学素养的重要组成部分，其提升直接促进了学生数学素养的全面提高。通过运算思维的训练，学生不仅能够掌握扎实的数学基础知识，更能够形成科学的数学观念、严谨的治学态度和灵活的思维方式。

数学素养的提升不仅体现在学术成就上，更体现在学生的综合素质和未来发展潜力上。具备良好的数学素养的学生，往往具有更强的逻辑思维能力、创新能力、问题解决能力和跨学科应用能力。这些能力在当今社会显得尤为重要，是人才竞争的关键要素。

五、运算思维有助于促进全面发展

运算思维的价值远不止于数学领域，更是一个促进学生全面发展的有力工具。首先，运算思维有助于培养学生的科学素养。科学探究离不开数学模型的建立和数学方法的运用，运算思维为学生提供了科学思维和科学方法的训练。数学不仅是一门科学，更是一种文化、一种思维方式。通过运算思维的培养，学生能够更好地理解和欣赏数学的美学价值，感受数学的简洁、和谐与统一之美。这种人文情怀的熏陶对于学生形成健全的人格和深厚的文化底蕴具有重要意义。此外，运算思维还有助于增强学生的社会适应能力。在现代社会中，数学已经成为一种普遍的语言和工具，掌握数学知识和技能是融入社会、参与竞争的必要条件。通过运算思维的培养，学生能够更好地适应社会发展的需求，成为具有创新精神和实践能力的高素质人才。

综上所述，运算思维的多维价值体现在提升计算能力、促进问题解决、理解建模思想、提升数学素养以及促进全面发展等多个方面。它不仅关乎数学学习的成效，更关乎学生综合素质的全面提升和社会适应能力的增强。因此，在数学教育实践中，教师应该高度重视运算思维的培养，通过多样化的教学方法和手段，激发学生的数学兴趣，培养他们的运算思维能力，为他们未来的学习和发展奠定坚实的基础。

第 4 节 运算思维的培养策略

运算思维不仅关乎学生数学素养的提升，更是促进学生全面发展，培养逻辑思维与问题解决能力的关键。以下，将从多个维度深入剖析如何在"育贤思堂"中有效培养运算思维，以期为学生的数学之旅铺设基石。

一、筑牢数学运算基础：构建思维的稳固基石

运算思维的培养，首要任务是筑牢学生的数学运算基础。这不仅仅是对加减乘除等基本运算技能的掌握，更是对数学概念、原理及运算逻辑的深刻理解。

一要系统化教学，循序渐进。小学数学教师应遵循学生的认知发展规律，从简单到复杂，从具体到抽象，系统地教授数学基础知识。从基础的整数运算开始，逐步引入小数、分数、百分数等复杂数的运算，同时穿插单位换算、估算、简算等实用技能的教学。通过例题讲解、课堂练习和课后作业相结合的方式，确保学生能够在实践中巩固所学知识，形成扎实的运算基础。

二要强调概念理解，注重逻辑推导。在教授运算知识时，教师应避免单纯的公式记忆和机械练习，而应注重引导学生理解数学概念和运算背后的逻辑，通过解释数学原理、展示运算过程帮助学生建立清晰的数学思维框架。例如，在讲解乘法分配律时，可以通过图形分割、实物分配等直观方式，让学生直观感受其背后的逻辑，从而加深理解。

三要加强口算与速算训练。口算和速算是提高学生运算能力的重要手段。教师可以通过课堂小游戏、速算比赛等形式，激发学生的参与热情，同时加强日常训练，提高学生的计算速度和准确性。这种训练不仅有助于提升学生的运算技能，还能培养他们的专注力和快速反应能力。

二、加强分析能力培养：激发思维的活力源泉

运算思维不仅仅是简单的计算过程，更包含了对问题的深入分析和理解。因此，在小学数学教学中，加强学生的分析能力培养至关重要。

一要设计启发性问题，引导主动思考。教师应根据教学内容和学生实际，设计一系列具有启发性的问题。这些问题应贴近学生生活，能够

激发他们的兴趣和好奇心，引导他们主动思考和分析。例如，在教授"分数加减法"时，可以设计购物情境中的问题，让学生运用所学知识进行运算和推理。

二要鼓励提问与讨论，促进思维碰撞。在课堂上，教师应鼓励学生围绕问题解决过程中的算式、算法、策略等提出问题，并通过交流讨论深入理解运算过程和意义。这种互动不仅有助于激发学生的思维活力，还能培养他们的批判性思维和创新能力。同时，教师应及时给予反馈和指导，帮助学生纠正错误思路，完善解题策略。

三要设计多样化练习题，提升应变能力。为了培养学生的分析能力和应变能力，教师应设计多样化、多层次的练习题。这些练习题应涵盖不同类型的数学问题，包括基础题、提高题和拓展题等。通过反复练习和反思，学生可以逐渐掌握多种解题策略和方法，提高应对复杂问题的能力。

三、注重运算策略选用：培养灵活的思维品质

运算策略的选择是运算思维的重要体现。在小学数学教学中，教师应引导学生根据实际问题和具体数据灵活选择运算策略。

一要教授多种运算策略，拓宽思维视野。教师应根据学生的认知水平和教学内容，教授多种运算策略。例如，在解决加法问题时，可以教授学生逐位相加、凑十法、分组法等策略；在解决乘法问题时，可以介绍乘法分配律、乘法结合律等技巧。通过多样化的教学策略，帮助学生拓宽思维视野，掌握多种解题方法。

二要鼓励尝试与比较，培养选择能力。在教授运算策略时，教师应鼓励学生尝试不同的方法，并比较它们的优缺点。通过反复练习和反思，学生可以逐渐掌握不同运算策略的适用条件和特点，从而在实际运用中灵活选择最合适的策略。这种能力的培养不仅有助于提高学生的运算效率，还能培养他们的选择能力和决策能力。

三要强调策略优化，提升思维品质。在运算过程中，教师应引导学生不断优化运算策略。例如，在解决复杂问题时，可以引导学生先简化问题，再逐步求解；在估算时，可以引导学生根据问题特点选择合适的估算方法。通过策略优化，学生可以逐渐提升思维品质，形成更加灵活多变的运算思维。

四、审思结果是否合理：培养严谨的思维习惯

运算结果的检验和判断是运算思维的重要组成部分。在小学数学教学中，教师应引导学生学会对运算结果进行检验和判断，培养严谨细致的思维习惯。

一要教授检验方法，培养验证意识。教师应教授学生多种检验方法，如逆运算检验法、估算检验法等。通过这些方法的应用，学生可以快速验证运算结果的准确性。同时，教师应培养学生的验证意识，让他们在完成运算后自觉进行检验和判断。

二要与生活常识对比，分析结果的合理性。运算结果不仅要准确无误，还要符合生活常识和实际情况。因此，教师应引导学生将运算结果与生活常识进行对比分析，判断其合理性。例如，在解决购物问题时，可以引导学生将计算结果与商品价格进行对比分析；在解决时间问题时，可以引导学生将计算结果与日常生活经验进行对比分析。这种对比分析不仅有助于培养学生的严谨性，还能提高他们的生活应用能力。

三要鼓励自我反思与检查，提升自我纠正能力。在完成运算后，教师应鼓励学生进行自我反思和检查。通过回顾解题过程、分析错误原因等方式，学生可以逐渐提高自我纠正和自我提升的能力。同时，教师应及时给予反馈和指导，帮助学生发现问题并改正错误。这种自我反思和检查的过程不仅有助于培养学生的细心和严谨性，还能提高他们的自主学习能力和问题解决能力。

"育贤思堂"中培养运算思维是一项系统工程，教师应在教学实践中

不断探索和创新，通过筑牢数学运算基础、加强分析能力培养、注重运算策略选用、审思结果是否合理等多方面的努力，培养学生的运算思维，提高他们的数学素养和综合能力。

第 5 节 《三位数乘两位数》教学案例分析

《三位数乘两位数》是苏教版四年级下册第三单元的内容，是小学数学中的重要内容，它不仅是学生后续学习多位数乘法的基础，也是培养学生运算思维和问题解决能力的重要途径。学生在三年级已经学过三位数乘一位数、两位数乘两位数的乘法笔算。本节课是在此基础上教学三位数乘两位数笔算的基本方法。学习这部分内容，有利于学生完整地掌握整数乘法的计算方法，并为以后进一步学习小数乘法打好基础。

小学数学运算思维是指学生在进行数学运算时，所展现出的理解、分析和解决问题的能力，包括理解运算的基本概念、掌握运算顺序、运用运算律进行简便计算，以及通过估算和精确计算解决实际问题等思维方式。它是一种综合性的数学思维能力，它要求学生不仅掌握基本的运算知识和技能，还能够在实际情境中灵活运用这些知识和技能，解决复杂的数学问题。

运算思维是"育贤思堂"中至关重要的数学学习能力之一，它要求学生不仅能够正确执行运算步骤，还能够理解运算背后的原理和逻辑。在小学阶段，培养学生的运算思维对于其后续的数学学习和问题解决能力具有长远影响。因此以苏教版四年级下册的《三位数乘两位数》的教学内容为例，分析在教学过程中如何通过知识迁移、独立思考和合作交流等教学策略，有效培养学生的运算思维。

对这节课的教学设计有两点思考：1. 对于三位数乘两位数的笔算，学生的知识起点在哪里？2. 对于已经掌握三位数乘两位数笔算的学生，在这节课上还能教他们什么？基于这两点思考，教师设计这样的一份学情前测单。

学情前测单

___年___班　　　姓名_____

1.你会计算三位数乘两位数吗？（　　　）

　　　A.会　　　　B.不会

2.请你举一个几百几十几乘几十几的例子，并尝试计算。

3.对于三位数乘两位数的计算，你有什么困惑？

初步评估学生的基础知识，通过询问学生是否会计算三位数乘两位数，教师可以快速了解学生对这一基础知识的掌握情况。观察学生的实际操作能力，要求学生举例并尝试计算，教师在实际操作中观察学生的表现，从而更准确地评估学生的计算能力。通过询问学生在计算过程中可能遇到的困惑，教师可以及时发现学生的问题所在，并在教学过程中有针对性地帮助学生解决学习难点。根据前测单的结果，教师可制定以下教学目标：

1. 学生经历探索三位数乘两位数计算方法的过程，理解三位数乘两位数的算理及笔算方法，能正确地进行计算。

2. 学生运用已有知识解决新的计算问题，体验成功的愉悦，进一步树立学习数学的自信心。

3. 学生在独立思考、合作交流，探索计算方法和解决实际问题的过程中体会新旧知识的联系，能主动总结、归纳三位数乘两位数的笔算方法，培养估算意识、类比及分析、概括能力等运算思维。

教学重点、难点：

重点：掌握三位数乘两位数的笔算方法。
难点：理解三位数乘两位数的笔算算理。

教学准备：

学习单、课件。

教学过程：

一、揭示例题，直奔主题

1. 出示例题：月星小区有 16 幢楼，平均每幢楼住 128 户。

师：同学们，请看，根据上面信息你能提出什么数学问题？

生：一共住了多少户？

师：怎么列式？

生 1：16×128　128×16

师板书。

师：估一估，大约住几户？

生 1：130×20＝2600（户）

生 2：100×20＝2000（户）

2. 师：这只是估计，要知道确切数据，还是要通过准确计算。今天我们就一起来探究三位数乘两位数，请大家拿出学习单，独立完成，开始。

学习单

座号：_____ 姓名：_____

（1）先列式，再用自己喜欢的方法计算。

（2）写一写你是怎么想的。

【通过出示例题并引导学生提出数学问题，旨在激活学生的数学思维，使他们从实际问题中抽象出数学模型，即三位数乘两位数的运算。接着通过引导学生思考如何列式，有助于他们明确运算的目标和步骤。再通过估算大约住了多少户，进一步培养学生的估算意识，使他们能够在没有精确计算的情况下，对结果有一个大致的预判。这一环节的设计，不仅为后续的准确计算做了铺垫，也帮助学生形成了先估算再精确计算的良好运算习惯。最后，教师明确提出今天的学习任务——探究三位数乘两位数的计算方法，并要求学生独立完成学习单，这有助于培养他们的独立思考能力和自主探究能力。整个环节，教师始终围绕培养学生的运算思维进行设计，让学生在解决实际问题的过程中，逐步掌握运算的方法，理解运算的算理，形成更加严谨、灵活的运算思维。】

二、合作交流，探究新知

1. 学生完成学习单后，提出合作要求：都完成了吗？好，四人小组交流一下想法，在小组交流后，如果觉得自己的计算方法有问题，可以用红笔进行修改，听明白了吗？好，开始吧。

2. 小组合作交流，反馈。

预设：

生 1：口算方法。

学生说理由，其他学生补充。

生 2：笔算方法。

师适时提出问题：怎么对齐？为什么用两位数十位上的数乘三位数时，得数末位要写在十位上？

3. 引导学生对比几种方法，小结：刚才这几种计算方法其实都是把16 分成 10 和 6，先用个位的 6 去乘 128，得到 768，就是 768 个一，再用10 去乘 128，也就是十位的 1 乘 128，等于 128 个十，最后把它们的结果相加。三位数乘两位数的计算方法，与两位数乘两位数的计算方法，在算理上是一样的。

4. 师：有一个同学，想法有点特别，一起来看看：16×128。

师：谁看懂了？

学生反馈，提问：这种笔算可以吗？

生：可以。

师：16×128 是把 128 拆分，计算的过程有三层，而 128×16 的竖式有两层，你们更喜欢哪种？

生：更喜欢 128×16，比较简洁。

师：是呀，这种情况我们一般把数位多的写在上面，16×128 可以来验算 128×16。

师：算出来的结果是 2048 户，刚才的估算，跟答案还是比较接近的。

板书：答：一共住了 2048 户。

5. 修改错误的计算。

师：请刚才计算有错误的同学，现在修改一下。

【设计意图：算理与算法是相辅相成的，学生借助学习单自主探究，充分运用已有的知识、经验，去尝试笔算三位数乘两位数。给予学生充分的时间和空间去独立思考、自主探究，再通过小组合作交流，让每个学生在交流中不断反思、改正，达成共识，引导学生对比不同的计算方法，帮助他们理解算理，特别是为什么用两位数十位上的数乘三位数时，得数末位要写在十位上。这一过程有助于培养学生的分析能力和概括能力，使他们能够更清晰地掌握运算的规则和原理。此外，把 16×128 与 128×16 进行对比，引导学生思考不同计算方法的优劣，并培养他们灵活选择计算方法的能力。通过这一环节的设计，学生不仅能够掌握具体的计算方法，还能够理解算理，形成更加严谨、灵活的运算思维。同时，培养了学生的估算意识和验算习惯，使他们在计算过程中能够保持谨慎和细心，从而提高计算的准确性。】

三、巩固练习，内化算理

1. 师：现在会计算三位数乘两位数了吗？谁来说说三位数乘两位数竖式计算的方法？

2. 出示：任意的三位数乘两位数，A 表示第一层的积，B 表示第二层的积，现在你能比较 A 和 B 的大小吗？

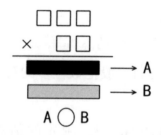

3. 组织学生思考、辨析。

预设：

生1：举例子。

生2：A 表示（　）个一，B 表示（　）个十，所以 A<B。

师：会思考，会辨析，会表达，为大家点赞。

【设计意图】此环节旨在深化学生对三位数乘两位数竖式计算方法的理解，并培养他们的运算思维和比较分析能力。组织学生思考、辨析，鼓励学生运用举例、分析等方法，不仅锻炼了学生的运算思维，还提高了他们的逻辑思维和表达能力，使他们在解决实际问题的过程中，运算思维得到进一步提升。】

四、解答困惑，总结提升

师：同学们，还记得吗？课前，大家对三位数乘两位数的笔算提出了自己的困惑，老师整理了一下，有这几种，一起来看看（课件出示）。这些困惑现在解决了吗？谁能选择一个问题，解答一下。

师：同学们，咱们已经学了两位数乘一位数，三位数乘一位数，两位数乘两位数，今天又学了三位数乘两位数，那么四位数乘两位数呢？三位数乘三位数呢？是的，本单元就是整数乘法学习的最后一个阶段，明白了这些计算的方法、道理，我们就可以去探究更多更复杂的计算问题。

【设计意图】通过课件出示学生课前的困惑，并让学生选择问题进行解答，可以检验学生对新知的掌握情况，同时培养他们的自信心和表达能力。接着，教师引导学生思考四位数乘两位数和三位数乘三位数的笔算问题，旨在拓展学生的运算思维，使他们明白整数乘法的计算方法和道理是相通的。通过这样的设计，学生不仅可以掌握具体的计算方法，还能够形成更加灵活的运算思维，为探究更多更复杂的计算问题打下基础。】

教学反思：

在本次教学中，培养学生的运算思维不仅是教授具体的计算方法，更重要的是引导他们理解算理，形成灵活、有逻辑的运算思维。教学过程的每个环节为运算思维的培养发挥很好的作用。

一、情境导入，激发兴趣

通过出示例题并引导学生提出数学问题，教师激发了学生的学习兴趣。他们积极思考，提出了"一共住了多少户"这一实际问题，并尝试列式。这一环节的设计，不仅使学生明确了学习目标，还为他们提供了运用数学知识解决实际问题的机会，从而增强了他们的学习动力。

二、合作交流，探究新知

在探究新知的过程中，教师采用先独立思考再小组合作交流的方式。学生先独立完成学习单，然后在小组内交流想法。这样的设计能促进学生的自主学习和合作学习，使他们在交流中相互启发、相互纠正。

三、巩固练习，内化算理

在巩固练习环节，教师设计了一道有针对性又有趣味性的练习题，帮助学生进一步巩固所学知识，并内化算理。通过比较 A 和 B 的大小，学生更加深入地理解了积的组成及数位对值的影响。这一环节的设计，不仅锻炼了学生的运算思维，还提高了他们的逻辑思维和表达能力。

四、解答困惑，总结提升

在解答困惑和总结提升环节，教师引导学生回顾了课前提出的困惑，并鼓励他们选择问题进行解答。通过这一环节的设计，学生不仅解答了自己的困惑，还对其他同学的问题进行了思考和解答，从而加深了对所学知识的理解。同时，教师还引导学生思考了四位数乘两位数和三位数乘三位数的笔算问题，以此拓宽他们的思维宽度，培养抽象建模能力，帮助学生逐步内化算理，形成稳定的运算思维。

总之，在教学中，不仅要注重引导学生理解算理、掌握算法，而且还要注重培养他们的估算意识、分析概括能力和应用意识等，提升学生的逻辑思维能力和问题解决能力，不断优化教学策略和方法，以更好地培养学生的运算思维。

第四章 "育贤思堂"之抽象思维培养

　　抽象思维，犹如一座璀璨的灯塔，在知识的海洋中引领着学习者破浪前行，从纷繁复杂的具体现象中抽丝剥茧，逐步迈向更为广阔和深刻的一般性认知。在数学领域，抽象思维更是其灵魂所在，要求学生超越表面的数字与图形，深入探索数学概念的本质、规律与内在联系。这种能力不仅是解决数学问题的关键，更是学生未来学习、科研乃至日常生活中不可或缺的重要工具。随着学习的深入，抽象思维的培养日益凸显其重要性。它不仅能够提升学生的逻辑思维能力、创新能力，还能帮助他们更好地适应复杂多变的环境，解决未知领域的挑战。因此，在"育贤思堂"中，我们应当高度重视并有效促进学生抽象思维的发展，为他们未来的持续发展奠定坚实的基础。

第1节 抽象思维的概念解析

　　抽象思维，又称抽象逻辑思维或逻辑思维，是指通过提炼、概括和剥离非本质特征，以概念、符号、规则等形式把握事物本质属性和内在联系的过程。它超越了具体事物的表象，深入事物的本质层面，是人类认识世界和改造世界的重要工具。

　　抽象思维在小学数学里展现出了其独特的魅力与重要性。它不仅仅是抽象的概念、符号和规则的堆砌，更是孩子们在探索数学世界时，从直观形象到逻辑理性的桥梁。在小学数学知识的海洋中，从最初的数物对应，到逐渐理解数字背后的意义，学生正经历从具体到抽象的转变。如，在学习加减法时，学生不再仅仅局限于手指头的加减或是实物的增减，而是开始用抽象的数字符号"+"和"-"来表示量的变化，这一过程正是抽象思维萌芽的体现。他们学会了剥离物品的具体形态，聚焦于数量的增减这一本质特征，从而掌握了更一般化的数学运算规律。

心理学家指出，这种从具体到抽象的跨越，正是人类思维发展的高级阶段。学生开始能够超越直接感知的经验，运用数学中的概念、判断和推理等心理过程，去理解和解释更加复杂多变的世界。这种能力的提升，不仅有助于他们在数学学科上的深入学习，更将为他们的终身学习和全面发展奠定坚实的基础。

《义务教育数学课程标准（2022年版）》明确指出，数学教育应"注重发展学生的抽象思维和推理能力"，强调通过数学学习，使学生"能够用数学的眼光观察现实世界，用数学的思维思考现实世界，用数学的语言表达现实世界"。

小学数学作为数学教育的起点和基础，蕴含着丰富的抽象思维元素。这些元素不仅贯穿于数学知识的各个领域，还深刻影响着学生的思维发展。如，在数的认识过程中，学生需要逐步从具体的物体数量中抽象出数的概念，理解数的意义、大小关系和运算规律。例如，从"3个苹果"到"数字3"，学生经历了从具体到抽象的转变。在数的运算中，学生不仅要掌握加、减、乘、除等基本运算技能，还要理解运算背后的数学意义，如加法表示合并、减法表示减少等。这些过程都是抽象思维的具体体现。在图形的认识与测量中，学生从直观的图形出发，通过观察、比较、分类等活动，逐步抽象出图形的性质、特征和关系。例如，在认识长方形时，学生不仅要了解长方形的边和角的特点，还要学会用长、宽等概念来描述和测量长方形的大小。这些活动培养了学生的抽象思维能力和空间观念。

第 2 节 抽象思维的主要特点

抽象思维，作为数学学科不可或缺的核心特征，其深远意义远不止于数字与公式的推演，它更是培养学生逻辑思维、创新能力及问题解决能力的金钥匙。在小学数学知识与教学实践的交融中，抽象思维展现出其主要特点：其一，它鼓励学生超越表面现象，深入探究数学概念的内在逻辑与联系，构建系统化的知识网络；其二，通过抽象思维的训练，学生能够学会从不同角度审视问题，激发创新思维，提出新颖见解；其三，面对实际问题，抽象思维促使学生将复杂情境抽象化为数学模型，从而有效解决问题，提升实践能力。因此，在"育贤思堂"中，强化抽象思维的培养，对于塑造学生全面发展的核心素养具有重要价值。

一、概念性与符号化

抽象思维的首要特点在于其概念性与符号化。小学数学中，学生开始接触并逐步掌握一系列的数学概念，如数、量、形、式等，这些概念都是对现实世界中具体事物的高度概括和抽象。数学语言中的符号系统，如数字、运算符号、等式、不等式等，更是抽象思维的直接体现。学生需要学会用这些符号来表示、运算和推理，从而把握数学对象的本质属性和内在联系。

教师应注重引导学生理解概念的本质，而非仅仅停留在表面的记忆。例如，在教授分数的概念时，不仅要让学生知道分数是表示部分与整体关系的数，更要通过具体的情境（如分蛋糕、切水果等）帮助学生理解分数的实际意义，进而掌握分数的表示方法和运算法则。同时，教师应鼓励学生使用符号进行表达和交流，培养他们的符号意识，使抽象思维得以具体化和可视化。

二、逻辑性与系统性

抽象思维具有鲜明的逻辑性和系统性。数学是一门严谨的学科，其知识体系内部存在着严密的逻辑关系和系统的结构框架。学生在学习过程中，需要遵循一定的逻辑顺序，逐步构建和完善自己的数学知识体系。这种逻辑性和系统性正是抽象思维的重要体现。

教师应注重培养学生的逻辑思维能力，引导他们学会观察、分析、综合和推理。例如，在解决应用题时，教师可以引导学生先理解题意，再找出已知条件和未知量，然后按照逻辑顺序进行推理和计算，最后得出结论。这一过程中，学生不仅掌握了数学知识和技能，还锻炼了逻辑思维能力和问题解决能力。

教师还应注重数学知识的系统性教学，帮助学生理解各知识点之间的内在联系和相互作用。通过构建知识网络、梳理知识脉络等方式，学生形成系统的数学认知结构，为后续的学习打下坚实的基础。

三、普遍性与适用性

抽象思维的另一个显著特点是普遍性和适用性。数学中的概念和规律往往具有广泛的适用范围和深刻的内涵，它们不仅适用于特定的数学问题，还可以推广到更广泛的领域和情境中。这种普遍性和适用性使得数学成为一门具有强大生命力的学科。

教师应注重培养学生的应用意识和实践能力，引导他们将所学的数学知识应用到实际生活中。例如，在教授比例尺时，可以让学生通过测量教室的长度和宽度，然后按照一定比例缩小画在图纸上，从而理解比例尺的概念和应用。这种实践活动不仅增强了学生的学习兴趣和动力，还提高了他们的应用能力和创新能力。

教师还应注重培养学生的迁移能力，引导他们学会将所学的数学知识和方法应用到新的问题情境中。通过解决不同类型的数学问题，学生可以更加深刻地理解数学的本质和规律，提高自己的数学素养和综合能力。

四、抽象与具体相结合

尽管抽象思维是超越具体事物的表象而深入到事物本质层面的思维方式，但它并不是孤立存在的。在实际的教学过程中，抽象与具体往往是相互依存、相互促进的。小学数学教育尤其需要注重抽象与具体的结合，以帮助学生更好地理解和掌握数学知识。

教师可以通过具体情境的创设、实物教具的使用等方式，将抽象的数学知识具体化、生动化，降低学生的理解难度。同时，也要鼓励学生运用抽象思维去分析和解决具体问题，培养他们的抽象能力和逻辑思维能力。这种抽象与具体相结合的教学方式，不仅能够提高学生的学习兴趣和参与度，还能够促进他们思维能力的全面发展。

抽象思维在小学数学教育中具有极其重要的地位和作用，以其概念性与符号化、逻辑性与系统性、普遍性与适用性以及抽象与具体相结合等主要特点，引领学生思维的飞跃与成长。作为教师，我们应当深刻认识抽象思维的重要性，积极探索和实践有效的教学策略和方法，以培养学生的抽象思维能力为核心目标，推动小学数学教育的持续发展。

第3节　抽象思维的培养价值

在小学数学的广阔天地里，抽象思维如同一股清泉，滋养着学生思维的土壤，促进其苗壮成长。抽象思维，作为数学学习的核心要素，不仅关乎学生当前对数学知识的理解与掌握，更对其未来的学习与发展产生深远影响。

一、深化概念理解

抽象思维的核心在于从具体事物中提炼出共性特征，形成抽象概念。这一过程有助于学生超越表面现象，深入事物的本质。例如，在学习"加法"时，学生不再仅仅停留在"两个苹果加在一起"的直观层面，而是能够概括出"两个数相加得到和"的抽象概念，从而理解加法的普遍意义。通过抽象思维，学生能够发现不同概念之间的联系和区别，构建更为完整和系统的知识框架。例如，在学习"分数"时，学生可以将分数与除法、比例等概念相联系，形成对分数概念的深刻理解。

二、促进思维发展

抽象思维，作为逻辑推理的基石，对于学生的全面发展具有深远影响。在数学的殿堂里，通过精心设计的教学活动，学生得以逐步掌握归纳推理、演绎推理等逻辑推理的基本方法。这一过程不仅锻炼了他们的思维条理性，更使他们在面对复杂多变的数学问题时，能够游刃有余地抽丝剥茧，直击问题核心。具备抽象思维能力的学生能够更快速地识别问题的核心，运用逻辑推理找到解决问题的有效途径，更能在科学探索、数学应用等实践领域中大放异彩，他们善于迅速洞察问题本质，运用逻辑推理的利剑，开辟出解决问题的有效途径，展现出非凡的智慧与创造力。

三、促进学习迁移

抽象思维作为各学科之间的共同语言，能够促进跨学科的学习和交流。具备抽象思维能力的学生能够更容易地理解和应用其他学科的知识和方法。抽象思维不仅在数学学科中发挥着重要作用，还在其他学科的学习中具有广泛的适用性。培养小学生的抽象思维，可以促进其跨学科学习和综合能力的提升。例如，在语文学习中，学生需要运用抽象思维去理解和分析文章的主旨和作者的思想感情；在科学学习中，学生需要运用抽象思维去探究自然现象的本质和规律。因此，培养小学生的抽象思维对于促进其全面发展具有重要意义。

四、提升综合素质

数学素养指个体在数学学习过程中所形成的知识、技能、思想方法和情感态度等方面的综合素养。抽象思维是数学素养的重要组成部分，使学生能够运用数学的眼光观察世界，用数学的思维思考问题，用数学的语言表达思想。培养小学生的抽象思维，可以显著提升他们的数学素养和问题解决能力。抽象思维的培养不仅有助于学生在数学学科上取得优异成绩，还能够提升他们的综合素质。例如，在团队合作中，具备抽象思维能力的学生能够更好地与他人沟通协作，共同解决问题；在创新项目中，他们能够提出更具创意和实用性的方案。

培养小学生的抽象思维具有多方面的价值，不仅有助于深化学生的概念理解与概括能力，促进逻辑思维与推理能力的发展，激发创造力与想象力，还能够增强他们的适应性与未来竞争力，促进跨学科学习与综合应用。因此，在小学数学教学中，教师应高度重视抽象思维的培养工作，为学生的全面发展奠定坚实的基础。

第4节 抽象思维的培养策略

在"育贤思堂"中，培养学生的抽象思维无疑是一项既重要又充满挑战的任务。它不仅是学生掌握数学知识、深入理解数学概念的必经之路，更是激发其逻辑思维、推理能力与创造力的关键所在。通过引导学生从具体事物中提炼出抽象概念，教师能够帮助学生构建起数学知识的逻辑框架，使他们在面对复杂问题时能够灵活运用所学知识，进行有条理的分析与推理。这一过程，不仅促进了学生数学素养的全面提升，更为他们未来的学习与发展奠定了坚实的基础。因此，教师应将培养学生的抽象思维视为教学的核心任务之一，不断探索有效的教学策略，为学生的全面发展保驾护航。

一、尊重认知规律，从感性经验过渡到抽象思维

尊重学生的认知发展规律是构建坚实数学基础的关键所在。小学生正处于从具体形象思维向抽象逻辑思维过渡的重要阶段，这一特点决定了我们的教学策略必须紧密贴合他们的心理与认知特点。

一方面，要注重感性经验的积累。小学生天生对周围世界充满好奇，他们通过感官来探索和认知世界。因此，在教学过程中，教师应精心设计教学环节，充分利用各种具体、形象的教学材料，如色彩斑斓的实物、生动有趣的教具以及直观易懂的动画等，为学生搭建起一座通往数学知识的桥梁。这些直观的教学手段不仅能够吸引学生的注意力，激发他们的学习兴趣，更重要的是，它们能够帮助学生积累丰富的感性经验，为后续的数学学习奠定坚实的基础。以加减法教学为例，教师可以通过让学生亲手操作小棒、积木等实物，亲身体验加与减的过程，从而深刻理解加减法的实际意义，使抽象的数学概念变得具体可感。

另一方面，要引导学生逐步抽象。在学生积累了足够的感性经验之后，教师应适时地引导他们进行抽象概括，使他们的思维逐步从具体走向抽象。这一过程需要教师耐心细致地引导，通过巧妙的提问、适时的点拨以及丰富的示例，帮助学生逐步摆脱对具体实物的依赖，学会用图形、符号等更抽象的方式来表达和理解数学知识。例如，在加减法的教学中，教师可以先让学生用实物进行操作，然后引导他们观察图形表示中的变化，最后鼓励他们直接用符号进行运算。通过这样的逐步引导，学生可以逐步理解数学符号背后的抽象意义，从而建立起对数学的深刻理解。

培养学生的抽象思维，要尊重学生的认知发展规律，从感性经验出

发逐步过渡到抽象思维。教师要具备敏锐的观察力和丰富的教育智慧，以灵活多样的教学方式激发学生的学习兴趣和潜能，为他们的数学学习打下基础。

二、借助直观手段，促进抽象思维的形成

在小学数学的教学过程中，借助直观手段是促进学生抽象思维形成的有效策略。这一策略不仅符合小学生认知发展的特点，还能够极大地提升教学效果，使学生在轻松愉快的氛围中掌握抽象的数学概念。

一方面，要使用直观教具。教具作为传统教学模式中的重要辅助工具，其直观性和可操作性使得它成为连接抽象数学与具体感知的桥梁。教师可以巧妙地运用各种教具，如计数器、几何图形等，将抽象的数学概念转化为具体可感的实物操作。以分数的教学为例，教师可以将一个圆形纸片视为一个整体，通过折叠、剪切等方式将其分割成不同的部分，直观地展示出分数的含义和计算方法。学生通过观察、触摸和动手操作，能够更深刻地理解分数的概念，从而构建起对分数这一抽象概念的直观认识。

另一方面，要充分利用信息技术化抽象为直观。随着信息技术的飞速发展，多媒体、动画等教学资源在小学数学教学中得到了广泛应用。这些技术手段以其生动、形象的特点，将抽象的数学概念以直观、动态的方式呈现给学生，极大地降低了学习难度，提高了学生的学习兴趣和参与度。例如，在教授"立体图形的认识"时，教师可以利用多媒体展示各种立体图形的三维模型，通过旋转、缩放等操作，让学生全方位、多角度地观察立体图形的结构特征。同时，教师还可以设计一些有趣的动画演示，如正方体的展开与折叠、圆柱体的侧面展开等，帮助学生直观地理解立体图形与平面图形之间的关系，进而培养他们的空间想象能力和抽象思维能力。

无论是传统的直观教具还是现代的信息技术，都能够为学生提供丰

富的直观体验，帮助他们更好地理解和掌握抽象的数学概念。因此，教师在教学过程中应灵活运用这些直观手段，以激发学生的学习兴趣和潜能，促进他们抽象思维能力的不断提升。

三、注重思维培养，引导学生经历抽象的思维过程

在小学数学教育中，注重学生的思维培养，引导他们亲身经历从具体到抽象的跨越，是学生形成抽象思维能力的核心环节。这一过程不仅关乎学生对数学知识的理解深度，更关乎他们未来面对复杂问题时的解决能力。

一方面，采用启发式教学，引导学生经历逐步抽象的过程。启发式教学强调以学生为中心，教师作为引导者，通过精心设计的问题和情境，激发学生的好奇心和探索欲。在教学过程中，教师应避免直接灌输答案，而是鼓励学生主动思考、勇于提问、敢于尝试。例如，在讲解"乘法分配律"时，教师可以先呈现一系列具体的乘法算式，引导学生观察、比较，发现其中的规律，再逐步引导学生用语言或符号概括出乘法分配律的抽象表达形式。这样的教学方式，让学生在不断地试错与修正中，逐步构建起对抽象概念的深刻理解，同时也培养了他们的逻辑思维能力和问题解决能力。

另一方面，通过解决实际问题，帮助学生建立抽象知识的现实应用情景。数学源于生活，又服务于生活。为了让学生更好地理解抽象知识，教师应积极寻找与学生生活紧密相关的实际问题，将其融入数学课堂。通过设计贴近学生生活、富有挑战性的数学问题，让学生在解决问题的过程中体验数学的应用价值，感受数学的魅力。例如，在教授"百分数"时，教师可以让学生调查家庭一个月的开支情况，计算各项开支占总开支的百分比，并据此提出节约建议。这样的实践活动，不仅让学生深刻理解了百分数的概念，还让他们学会了如何将数学知识应用于日常生活中，增强了他们解决实际问题的能力，同时也强化了他们对抽象知识的

理解和记忆。

总之，注重学生的思维培养，引导他们亲身经历从具体到抽象的跨越，是"育贤思堂"中不可或缺的一环。通过采用启发式教学方法和设计贴近学生生活的实际问题，我们可以有效地培养学生的抽象思维能力，为他们未来的学习和生活奠定坚实的基础。

四、培养数学语言，促进抽象思维的表达

数学，作为一门严谨的学科，其独特的语言体系不仅是沟通思想的桥梁，更是抽象思维成果的直接体现。这种语言，以其高度的抽象性和精确性，要求学习者不仅掌握其外在形式，更要深入理解其内在逻辑与本质。因此，培养学生的数学语言表达能力，成为促进学生抽象思维发展的重要一环。

首先，教师应将数学语言的培养贯穿于日常教学的始终。在讲解数学概念、定理和解题步骤时，教师应注重使用标准的数学术语，通过示范和讲解，引导学生理解并模仿这些语言。同时，教师应鼓励学生积极使用数学语言来描述自己的思考过程，无论是课堂发言还是作业书写，都应强调语言的准确性和简洁性。通过这样的训练，学生能够逐渐掌握数学语言的精髓，学会用精练的语言揭示数学概念的本质，排除非本质属性的干扰。

其次，组织学生进行交流讨论，是提升学生数学语言表达能力的关键。教师可以设计一系列具有开放性和探究性的数学问题或项目式学习任务，鼓励学生以小组合作的形式进行探究。在小组活动中，学生需要围绕数学问题展开讨论，分享各自的见解和解题思路。这种交流不仅有助于学生加深对数学概念的理解，还能促使他们运用数学语言来清晰地表达自己的观点。在互动中，学生可以相互学习、相互启发，不断完善自己的数学语言体系，提高抽象思维的表达能力。

最后，教师可以利用多种教学资源，如数学故事、数学游戏等，丰

富学生的数学语言体验。这些资源以生动有趣的方式呈现数学知识，能够激发学生的学习兴趣，使他们在轻松愉快的氛围中掌握数学语言。同时，教师还应关注学生的个体差异，针对不同学生的学习特点和需求，提供个性化的指导和帮助，确保每个学生都能在数学语言表达上取得进步。

培养学生的数学语言表达能力是促进学生抽象思维发展的重要途径。教师应精心引导和鼓励学生积极参与，帮助学生掌握数学语言的精髓，学会用准确、简洁的语言来描述数学概念、定理和解题过程，从而进一步提升他们的抽象思维能力。

培养小学生的抽象思维需要教师在教学过程中尊重学生的认知规律、借助直观手段、注重思维过程、培养数学语言以及结合生活实际等多方面的努力。通过这些策略的实施，可以逐步提高学生的抽象思维能力，为他们未来的学习和生活奠定坚实的基础。

第5节　《三角形的三边关系》教学案例分析

三角形是最简单、最基本的平面图形，掌握三角形的相关知识，可以加深学生对平面图形的认识和理解，发展学生的抽象思维。《三角形三条边的关系》是在学生初步认识三角形的基础上进行教学的。教材从围四根长短不同的小棒入手，为学生提供感性素材，鼓励学生通过围三角形，进而抽象出三角形的边的关系。

对于小学生来说，几何初步知识比较抽象。"要让学生动手做科学，而不是用耳朵听科学"，学生带着问题，动手、动口、动脑，调动多种感官参与数学学习活动，在活动中获得知识。基于这样的考虑，教材提供大量形象的感性材料的同时，积极创设了动手操作的情境，力求让学生在活动中去感知、去探索、去实验、去发现，并进行归纳总结，学生在动手操作积极探索的活动过程中掌握知识，从具体形象思维逐步向抽象逻辑思维过渡，同时有效积累数学活动经验，发展空间观念和推理能力。

教学目标：

1. 通过直观操作活动和计算观察，数形结合，让学生探索并发现三角形任意两边长度的和大于第三边。

2. 引导学生参与探究和发现活动，经历操作、发现、验证的探究过程，培养学生自主探究、合作交流的能力，渗透问题意识，逐步培养抽象思维。

3. 培养学生勤于思考、善于提问、乐于探究学习态度和数学情感。

教学重点、难点：

发现三角形任意两边长度的和大于第三边的关系，运用三角形三边的关系解决实际问题。

教学准备：

课件、小棒、学习单等。

教学过程：

一、复习导入，激发需求

提问：什么样的图形叫作三角形？（三条线段首尾相接围成的图形叫作三角形。）

制造认知冲突：让学生上台围三角形，有的三根小棒能围成三角形，有的不能围成三角形，激发学生提问，引发学生思考："为什么有的能围成三角形，有的不能围成三角形？"

【设计意图】通过解决实际问题可以帮助学生建立抽象知识的现实应用情景。数学源于生活，又服务于生活。为了让学生更好地理解抽象知识，教师将"有的三根小棒居然还围不成三角形"等与学生生活紧密相关的实际问题，融入数学课堂。通过设计贴近学生生活、富有挑战性的数学问题，让学生在解决问题的过程中体验数学的应用价值，感受数学的魅力，点燃学生智慧的火花。"为什么有的三根小棒能围成三角形，有的却围不成呢？""怎样的三根小棒才能围成三角形呢？"这些问题有效地激发学生的探索欲，引领学生主动去探索三角形的三边关系。】

二、探索交流，获取新知

1. 根据所提问题，合作探究。

操作要求：

同桌合作，从四根小棒中任意挑选 3 根小棒，先猜想能否围成三角形，再动手围一围，并填写学习单。

围完之后，观察这些图形，并认真思考刚才同学们提出的几个问题，与同桌交流想法。

学生操作探索，教师巡视，交流汇报。

2. 交流反馈：

指名几个学生依次交流刚才操作过程中的发现。

预设：

①8 厘米、5 厘米、2 厘米不能围成三角形。5 厘米、2 厘米的小棒太短了，3 根小棒不能首尾相接。（5 厘米+2 厘米<8 厘米）

②两根较短的小棒长度和比最长的一根长，就能围成三角形。

如8 厘米、4 厘米、2 厘米不能围成三角形，因为 4 厘米+2 厘米<8 厘米

8 厘米、5 厘米、4 厘米可以围成三角形，因为 5 厘米+4 厘米>8 厘米

③任意两小棒的长度和一定大于第三根小棒。

如 5 厘米、4 厘米、2 厘米可以围成三角形，因为 5 厘米+4 厘米>2 厘米、5 厘米+2 厘米>4 厘米、4 厘米+2 厘米>5 厘米，任意两边之和大于第三边。

引导学生逐步用数学语言表达，抽象出三角形的三边关系。

【设计意图】：小学生天生对周围世界充满好奇，他们通过感官来探索和认知世界，依靠空洞的解说，不可能让他们有深刻的体会。因此，在教学过程中，教师应精心设计教学环节，给学生提供带刻度的小棒，让学生从4根小棒中任意挑选3根围一围。用"数"来刻画"形"的大小，直观的图形更显精确，更突显图形的本质。在围的过程中，出现"能围成"和"围不成"三角形的两种情况中，最先引起学生注意和思考的是"围不成三角形的三根小棒"：当两根较短的小棒长度的和比最长的那根短时，无法首尾相接围成。以此作为继续探索的支点，进而发现能围成三角形的三根小棒之间的长度关系，为探索三角形的三边关系搭建起一座桥梁。这样直观的教学手段不仅能够吸引学生的注意力，激发他们的学习兴趣，更重要的是，它们能够帮助学生积累丰富的三角形的边的特征的感性经验。在形的助力下，有效探究，学生从现象中提炼问题，在情景中剥离非本质属性，逐渐提炼本质属性，促进抽象能力的发展，培养解决问题的能力与意识，同时在探索的过程中学生自主学习，完成知识的自我建构，提升抽象思维能力。】

3. 动手验证：这两个三角形具有这样的三边关系，是不是所有的三角形都是这样的呢？下面请大家动手任意画一个三角形，量一量，算一算。

（学生动手验证）

展示学生所画的三角形，说明：这些三角形大小不同，形状各异，但是每个三角形的三边都具备任意两边之和大于第三边的规律。

引导学生归纳：三角形的任意两边之和大于第三边。

【设计意图】：关于三角形三条边之间的关系，学生在操作后留下来的只是表象，需要对操作过程进行观察、对比、反思，数形结合，进而抽象出三边关系的本质属性。】

4. 小结：板书课题。

三、练习辨析，提升巩固

你能根据刚才的发现判断这几组线段能否围成三角形吗？

3厘米、3厘米、3厘米，3厘米、3厘米、5厘米，3厘米、4厘米、5厘米，3厘米、10厘米、5厘米。

其中3厘米、10厘米、5厘米围不成三角形。引导学生思考第三边的取值范围：3厘米太短，至少延长到几，才能围成三角形呢？至多延长到几呢？

【设计意图】：用动画演示三角形第三边的取值范围，在学生积累了足够的感性经验之后，适时地引导他们进行抽象概括，使他们的思维逐步从具体走向抽象。帮助学生逐步摆脱对具体实物的依赖，学会用图形、符号等更抽象的方式来表达和理解三角形的三边关系，明确数学的本质属性，同时也渗透函数的思想】

四、总结延伸，提炼方法

今天你学到了什么知识？我们是怎样学习这部分知识的？

教学反思：

小学阶段培养学生的抽象思维，要尊重小学生的认知发展规律，从感性经验出发逐步过渡到抽象思维。抽象思维是数学素养的重要组成部分，使学生能够运用数学的眼光观察世界，用数学的思维思考问题，用数学的语言表达思想。通过培养小学生的抽象思维，可以显著提升他们的数学素养和问题解决能力。抽象思维的培养不仅有助于学生在数学学科上取得优异成绩，还能够提升他们的综合素质。

数形结合，可以帮助学生认识事物的特征，从具体事物中提炼出共性特征，更快地抓住数学本质，形成抽象概念。在《三角形的三条边关系》的教学中，教师要注重从生活中的实物入手，运用数形结合、几何直观、逻辑推理、有效思辨，让学生动手操作，借助图形直观化数据，逐步掌握归纳推理，深化学生对三角形三边关系的理解与概括，促进学生逻辑思维与推理能力的发展。

一、动手操作，以形助数，促进抽象

实际教学中如何将一目了然的常识与数学定理有机结合，是许多一线教师困惑的地方。"两点之间线段最短"与"三角形任意两边长度和大于第三边"既有联系又有区别，虽然这两个结论学生比较容易接受，但他们往往难以洞悉结论背后隐藏的推理思考，这需要教师引导学生经历"动手实验——观察分析——猜想验证"等过程。在这个过程中教师要还原数学的思考过程，巧妙地化数为形、以形助数，将枯燥的推理形象化、直观化，促进抽象思维的形成。

二、巧设问题，以数说形，有效抽象

教师在引导学生在探索图形规律时，应当配以数据，用"数"来刻画"形"的大小，使直观的图形更显精确，更突显图形的本质。在教学中，教师要善于提问，以问题推动探索的深入，以问题引发学生思考，用数字来描述图形中隐藏的规律，通过解决实际问题帮助学生建立抽象知识的现实应用情景。

以问题为引领，借助数据分析图形，既准确刻画图形的本质，又促进学生理解知识本质内涵，有助于培养学生思维的条理性和严密性。富有挑战性的数学问题，让学生在解决问题的过程中体验数学的应用价值，感受数学的魅力。

三、层层对比，数形交替，提升素养

从认知能力看，本阶段学生的思维尽管活跃敏捷，但不够冷静深刻，不够严谨，缺乏全面分析问题的能力。在教学中，教师要善于引导学生对知识进行比较，在比较中辨析、归纳、拓展、联想，让其思维在跌宕起伏中理解知识的本质，剥离非本质属性，抽象本质属性。

在数学探索的过程中，数形结合的思想，让学生感悟数与形，形与数之间的联系，使复杂的问题简单化，抽象的问题形象化，帮助学生逐步形成抽象思维，增进学生对图形的理解和内化，有效提升数学素养。

第五章 "育贤思堂"之推理思维培养

随着科技的飞速进步和全球化的深入发展，我们面临的不再是单一线性的挑战，而是多维度、跨领域的复杂问题。数学，作为科学之母，其本质便是逻辑与推理的结晶。数学严密的逻辑思维能力和灵活的问题解决策略，在日常生活和职业生涯中同样重要。教师要深刻认识到推理思维对个人发展的深远影响，致力于探索与实践一条独特的路径——强化推理思维训练，为学生搭建一座从知识积累到能力飞跃的桥梁。通过精心设计的逻辑思维教学，激发学生的探索欲和求知欲，让他们在不断试错与修正中体会推理的乐趣；通过贴近生活的案例分析，引导学生将抽象思维与具体实践相结合，学会从复杂现象中抽丝剥茧，找到问题的核心。强化逻辑思维培养，不仅能够有效提升学生的数学素养，而且能促使学生运用推理思维这把金钥匙，勇敢地探索，自信地前行。

第 1 节 推理思维的概念解析

推理思维作为人类认知活动中不可或缺的一部分，其内涵丰富且复杂。它不仅仅是一种简单的逻辑推理过程，更是融合了分析、判断、假设、验证等多个环节的高级思维活动。推理思维指人们在认识外部世界时通过已知的判断或前提，运用逻辑规则和推理方法，推导出未知结论的思维过程。这一过程强调了从已知到未知的推导，体现了思维的逻辑性和创造性。

推理思维不仅仅是对已有知识的简单应用，更重要的是能够从中推出新的结论，实现"无中生有"，推动知识和科学的发展。因此，推理思维在科学探索、社会决策、问题解决等多个领域都发挥着重要作用，帮助人们从已有的知识或经验中通过逻辑推理得出新的结论或预测，进而指导实践和创新。

推理思维的构成要素包括以下几方面：一是前提。推理的起点，是已知的判断或事实。前提的真实性和准确性直接影响推理的结果。在逻辑推理中，前提通常被分为大前提、小前提等，用于构建推理的框架。二是推理方法。推理方法包括演绎推理和归纳推理两大类。其中，演绎推理指从一般到特殊的推理方法，即根据一般性的原则或规律，推导出特殊事实的结论，如三段论推理就是典型的演绎推理方法；归纳推理指从特殊到一般的推理方法，即通过观察和分析个别事物或现象，概括出一般性的结论或规律。三是推理规则。即在推理过程中需要遵循的逻辑规律，如同一律、矛盾律、排中律和充足理由律等，这些规则确保了推理过程的逻辑性和严谨性。四是结论。即推理的终点，是通过逻辑推理得出的新判断或预测。结论的正确性取决于前提的真实性、推理方法的合理性和推理规则的遵循程度。

简言之，推理思维是一个复杂而精细的思维过程，要求人们具备丰富的知识储备、严谨的逻辑思维能力和敏锐的批判性思维。通过不断训练和实践，人们可以逐步提高自己的推理思维能力，更好地应对复杂多变的社会挑战。

第 2 节　推理思维的主要特点

作为理性思考的核心组成部分，推理思维不仅关乎学生对数学知识的掌握程度，更对其未来学习、生活乃至职业生涯产生深远影响。现将从小学数学知识和教学，探讨推理思维的四大核心特征及其在"育贤思堂"中的具体体现。

一、逻辑性

逻辑性，作为推理思维的首要特征，在小学数学教学中占据举足轻重的地位。数学本身就是一门逻辑严密的学科，其知识体系建立在严格的逻辑规则之上。因此，在教学过程中，教师需注重培养学生的逻辑思维能力，引导学生遵循因果律、排中律、矛盾律等逻辑规则，进行有理有据的推理。例如，在教授"四则运算"时，教师可以通过设计一系列具有逻辑关联的题目，让学生理解加减乘除之间的内在联系和运算顺序的重要性。教师可以引导学生发现算式中的规律，如结合律、分配律等，从而培养他们的逻辑推理能力；还可以设置一些需要运用逻辑推理来解决的实际问题。如，"小明有 10 颗糖果，给了小红 3 颗后，还剩几颗？"这样的问题虽然简单，但能有效锻炼学生的逻辑思维能力。

二、系统性

系统性是推理思维的另一大特征，要求将复杂的问题分解为若干简单的子问题，逐一分析、解决，并最终整合成完整的结论。小学生的认知水平有限，面对复杂问题时往往感到无从下手，因此，教师需要教会学生如何系统地分析问题、解决问题。如，应用题通常涉及多个条件和问题，需要学生进行综合分析。教师可以引导学生先将题目中的条件和问题梳理清楚，然后按照一定的逻辑顺序进行推理。如，可以先找出题目中的已知条件，再根据这些条件推导出新的信息，最后根据新信息解决问题。通过这样的训练，学生可以逐渐掌握系统分析问题的方法，提高解决复杂问题的能力。

三、批判性

批判性思维是推理思维的重要组成部分，要求人们对所接收的信息和前提进行质疑、评估，不盲从、不轻信。数学是一门需要精确性和严谨性的学科，任何微小的错误都可能导致整个推理过程的失败。为了培养学生的批判性思维能力，教师可以设计一些具有争议性的数学问题或情境，让学生进行讨论和辩论。如，在教授"分数大小比较"时，教师可以给出一个比较分数大小的题目，但故意给出错误的答案或解题过程，然后让学生自己去发现错误并纠正。通过这样的活动，学生可以学会质疑和评估他人的观点和方法，从而培养自己的独立判断能力。

四、创新性

创新性是推理思维的魅力所在，使推理过程不仅仅是简单的复制粘贴或机械应用，而是充满了无限的可能性。只有具备创新思维能力的学生，才能在未来的学习和研究中不断突破自我，取得更大的成就。为了培养学生的创新思维能力，教师可以鼓励学生进行数学探究和实验活动。如，在教授"图形与几何"时，教师可以让学生尝试用不同的图形组合成新的图形，并探索这些图形之间的性质和关系。教师还可以引导学生关注数学在现实生活中的应用，鼓励他们发现身边的数学问题并尝试用所学知识去解决。通过这些活动，学生可以学会从不同角度看待问题、提出新的假设和解决方案，培养他们的创新思维能力。

第3节 推理思维的培养价值

推理思维要求学生基于已知信息推导未知，这一过程有助于学生对数学概念进行更深入的理解。例如，在学习"分数的意义"时，通过推理，学生可以理解分数不仅仅是"部分与整体的关系"，而且能进一步认识到分数与除法、比例之间的联系，从而更全面地掌握这一概念。在小学数学里，推理思维如同一把钥匙，不仅为学生打开了通往知识深处的大门，更为他们铺设了一条通往智慧与创新的康庄大道。这一思维模式的培养，不仅关乎学生当前对数学概念的掌握程度，更深远地影响着他们未来的学习路径与人生轨迹。以下，将从多个维度深入剖析推理思维在"育贤思堂"中的重要作用。

一、推理思维有助于深刻理解数学知识

小学数学，作为数学教育的启蒙阶段，其核心概念与基础原理的掌握至关重要，推理思维在这一过程中扮演了不可或缺的角色。以"分数的意义"为例，当学生被引导去推理分数的本质时，他们不再仅仅满足于分数是"部分与整体的关系"这一表面定义。通过逻辑推理，他们能够洞察到分数与除法运算的紧密关联，理解分数作为除法的另一种表现形式，也能发现分数与比例之间的微妙联系，从而构建起一个更为立体、全面的分数概念体系。这一过程，不仅加深了学生对分数概念的理解，还促进了他们数学思维的成熟与发展。

二、推理思维有助于强化逻辑思维能力

逻辑思维是数学学习的基石，而推理思维正是培养这一能力的有效途径。在小学数学教学中，教师常常巧妙地运用各种教学策略，如精心设计问题、耐心引导分析、积极鼓励推理等，训练学生的逻辑思维能力。以应用题教学为例，学生们在面对实际问题时，首先需认真审题，如同侦探般敏锐捕捉题目中的每一个线索——已知条件与未知量之间的微妙联系。随后，他们运用逻辑推理的钥匙，一步步解锁问题的真相，直至推导出正确的答案。这一过程，不仅是对学生分析能力和解题能力的实战演练，更是他们逻辑思维习惯逐步形成的宝贵历程。在这样的教学中，学生学会了用严谨的逻辑眼光审视问题。

三、推理思维有助于提升独立思考能力

教师应巧妙地设计教学环节，鼓励学生勇于质疑、审慎评估接收到

的数学信息和既定前提,促进学生批判性思维的觉醒。在课堂上,教师不仅要传授知识,更要引导学生对所学内容进行深度反思,鼓励他们敢于提问,表达自己的独到见解。这样的教学氛围,容易激发学生的求知欲和好奇心,驱使他们主动探索数学世界的奥秘。当学生面对复杂的数学问题时,他们学会了独立思考,不再轻易接受表面的答案,而是运用已掌握的知识和经验,进行深入剖析和逻辑推理,最终得出更为精准、全面的结论,这一过程正是他们批判性思维能力显著提升的生动体现。

四、推理思维有助于发现知识之间联系

数学是一门高度抽象和逻辑严密的学科,其各个知识点之间往往存在着千丝万缕的联系。推理思维正是帮助学生揭示这些联系、构建知识网络的强大工具。在学习"图形的变换"时,学生可以通过推理发现平移、旋转和轴对称等变换之间的内在联系。这种发现不仅让他们对图形的变换有了更深刻的理解,还激发了他们探索更多数学奥秘的兴趣。随着学习的深入,学生将逐渐意识到数学世界中的每一个概念、每一个定理都不是孤立存在的,它们之间存在着紧密的逻辑关系和深刻的内在联系。这种认识将极大地拓宽学生的数学视野,提升他们的数学素养。

五、推理思维有助于学生提出创新结论

创新是时代进步的灵魂,也是数学发展的不竭动力。推理思维鼓励学生基于已知信息提出新的假设和猜想,并通过逻辑推理进行验证。这种提出新假设的过程本身就是一种创新活动,它要求学生具备敢于挑战权威、勇于探索未知的勇气和精神。在小学数学教学中,教师可以通过设置开放性问题、组织数学探究活动等方式,激发学生的创新潜能。当学生运用推理思维提出并验证自己的创新结论时,他们将体验到前所未有的成就感和自豪感,这将进一步激发他们学习数学的兴趣和热情。

推理思维不仅能促进学生对数学知识的深入理解,强化他们的逻辑

思维能力，还能提升他们的独立思考能力和创新能力。因此，教师应高度重视推理思维的培养和训练工作，通过多样化的教学手段和方法，激发学生的推理兴趣和能力，为他们未来的学习和生活奠定坚实的思维基础。

第4节　推理思维的培养策略

推理思维，作为人类智能的核心组成部分，是数学学习中不可或缺的能力。它不仅是解决数学问题的关键，更是学生未来面对复杂社会问题时能够做出明智决策的基础。在小学数学教学中，培养学生的推理思维，不仅能够提升他们的数学素养，而且能促进他们全面发展。以下将从掌握推理要素、构建问题情境、教授推理方法、设置有效练习以及培养批判思维等五个方面，深入探讨如何在"育贤思堂"中有效培养学生的推理思维。

一、掌握推理要素，夯实推理知识

推理思维并非空中楼阁，必须建立在坚实的基础之上。在小学数学教学中，教师首先要帮助学生掌握推理的基本要素和法则，为他们的推理思维奠定坚实的基础。

一要理解概念与法则。数学概念是推理的基石，只有准确理解并掌握这些概念，学生才能进行有效的推理。因此，教师在教学过程中应注重概念的讲解和巩固，通过生动的例子和形象的比喻帮助学生理解抽象的数学概念。同时，教师应引导学生了解数学法则的推导过程，让他们明白这些法则是如何从已知条件中推导出来的，从而培养他们的逻辑思维能力。

二要掌握基本技巧。除了理解概念和法则外，学生还需要掌握一些基本的推理技巧。这些技巧包括如何提出假设、如何收集和分析信息、如何构建推理链条等。教师可以通过设计一些简单的推理游戏或活动来训练学生的这些技巧。例如，教师可以给出一些条件不完整的数学问题，让学生尝试通过推理来补充缺失的条件或找到问题的解决方案。这样的活动不仅能够激发学生的推理欲望，还能帮助他们在实践中掌握推理技巧。

三要强调推理要素的重要性。在教学过程中，教师还应不断强调推理要素的重要性，让学生认识到推理在日常生活中的广泛应用。教师可以通过举例说明推理在解决实际问题中的作用，如购物时比较不同商品的价格和质量、规划旅行路线时考虑时间和费用等。这些例子能够让学生深刻体会到推理思维的价值和意义，从而更加积极地投入推理思维的培养中。

二、创设问题情境，激发推理欲望

问题情境是激发学生推理欲望的有效手段。一个富有启发性和挑战性的问题情境能够引发学生的好奇心和求知欲，促使他们主动运用推理思维去探索和解答。

一要设计启发性问题。教师在设计问题时应注重问题的启发性和开放性。启发性问题能够引导学生从不同角度思考问题并提出多种解决方案，开放性问题能够鼓励学生大胆尝试和创新。教师可以设计一些需要运用推理思维来解决的数学应用题或游戏题，如，"小明的零花钱不够用了，他应该如何规划自己的开支以确保在一个月内不会超支？"这样的问题既贴近学生的生活实际又具有一定的挑战性，能够激发学生的推理欲望。

二要联系生活实际。将数学问题与现实生活相联系是创设问题情境的重要途径。教师可以通过创设贴近学生生活的数学情境来引导学生运用推理思维解决问题。例如，教师可以利用学生熟悉的购物场景来设计应用题："妈妈去超市买水果，苹果每斤3元，香蕉每斤2元，她一共买了 5 斤水果，花了 13 元，问妈妈买了多少斤苹果和多少斤香蕉？"这样的问题既能够让学生感受到数学与生活的紧密联系，又能够培养他们的推理能力。

三要激发求知欲。除了设计启发性问题和联系生活实际，教师还可以通过设置奖励机制或组织竞赛活动来激发学生的求知欲和推理欲望。例如，教师可以设立"数学小侦探"奖励机制，鼓励学生在课堂上积极思考和回答问题；或者组织数学竞赛活动，让学生在比赛中展示自己的推理能力并获得荣誉和奖励。这些措施都能够有效激发学生的推理欲望并促进他们的推理思维发展。

三、教授推理方法，引导逻辑分析

在具体推理过程中，教师需要引导学生掌握正确的推理方法并进行逻辑分析。这是培养学生推理思维的关键环节。

一要讲解基本步骤。教师应向学生讲解推理的基本步骤并引导他们按照这些步骤进行思考和解答。这些步骤包括观察、假设、推理、验证等。例如，在解决数学应用题时，教师可以先引导学生观察题目中的条件和信息，然后提出假设并构建推理链条，最后进行验证并得出结论。通过这样的训练，学生能够系统地运用推理思维解决问题。

二要识别关键信息。在推理过程中识别关键信息是非常重要的。教师需要引导学生对题目中的信息进行逻辑分析并识别出关键信息和变量。例如，在解决分数应用题时，教师可以引导学生分析题目中的分数关系和比例关系并找出关键的分母和分子，然后利用这些关键信息进行推理和计算。通过这样的训练，学生能够更加准确把握问题的核心并有效地解决问题。

三要掌握推理技巧。除了基本的推理步骤外，教师还应教授学生一些常用的推理技巧，如归纳推理、演绎推理和类比推理等。这些技巧能够帮助学生更加灵活地运用推理思维解决问题。例如，在解决几何问题时，教师可以引导学生运用归纳推理，从特殊到一般地探索图形的性质和规律；在解决代数问题时，可以运用演绎推理，从一般到特殊地推导出具体的结论。此外，教师还可以引导学生通过类比推理发现不同问题之间的相似性和联系性，从而找到解决问题的新思路和新方法。

四、设置有效练习，提升推理能力

推理思维的形成需要大量的实践练习。因此，教师需要创编多样化的推理练习题，让学生在不同类型的题目中锻炼推理能力。

一要设计多样化推理题型。教师应根据教学目标和学生的实际情况创编多样化的推理练习题型，包括选择题、填空题、应用题等。这些题型能够全面考查学生的推理能力并帮助他们巩固所学知识。例如，在选择题中教师可以设置一些需要运用推理思维才能找到正确答案的题目，在填空题中则可以设置一些需要学生进行逻辑推理和计算的空格，而在应用题中可以设置一些贴近学生生活实际的数学问题，让他们通过推理来找到解决方案。

二要逐步增加推理难度。在创编练习题时，教师应根据学生的实际情况逐步增加题目的难度和推理的复杂度，不仅让学生在挑战中不断提升自己的推理能力，而且激发他们的学习兴趣和动力。例如，在教授"分数加减法"时，教师可以先设计一些简单的分数加减法题目让学生熟悉分数的运算规则，然后逐渐增加题目的难度和复杂度，如引入带分数、假分数等概念让学生进行推理和计算。通过这样的练习，学生能够逐渐适应更高难度的推理题目并提升自己的推理能力。

三要进行针对性反馈指导。在学生进行推理练习时，教师应及时给予反馈和指导帮助他们发现、纠正错误，并引导他们进行深入的思考和探索。例如，在学生完成一道应用题后教师可以先让学生分享自己的解题思路和答案，然后针对学生的答案进行点评和讲解，指出其中的优点和不足，最后引导学生进行深入的思考和探索，让他们发现更多的解题方法和思路。通过这样的过程，学生能够更加深入地理解问题并提升自己的推理能力。

五、培养批判思维，促进独立思考

批判性思维是推理思维的重要组成部分，要求学生对信息进行评估和分析并敢于质疑权威和既定答案。在小学数学教学中，教师应注重培养学生的批判性思维和独立思考能力。

一要鼓励质疑与反思。教师应鼓励学生勇于质疑权威和既定答案并培养他们的反思能力。例如，在解决数学问题时，教师可以引导学生思考不同的解题思路和方法并鼓励他们进行比较和评估；在评价学生的答案时，教师可以先让学生自评和互评，然后针对学生的评价进行点评和讲解，让学生明白自己的优点和不足，并引导他们进行反思和改进。通过这样的过程，学生能够逐渐培养质疑和反思的习惯并提升自己的批判性思维能力。

二要组织小组讨论与交流。小组讨论与交流是培养学生批判性思维和独立思考能力的重要途径。教师可以组织学生进行小组讨论和交流，让他们分享自己的解题思路和结论，并听取他人的观点和意见。在讨论过程中，教师可以引导学生对不同的观点和思路进行比较和评估，并鼓励他们提出自己的见解和疑问。通过这样的过程，学生能够拓宽思路并深化对问题的理解，也能够锻炼自己的表达能力和沟通能力。

培养学生的推理思维是一项长期而艰巨的任务，需要教师具备深厚的专业素养和丰富的教学经验，并不断创新教学方法和手段以适应学生的需求和发展。在小学数学教学中，教师应注重掌握推理要素、构建问题情境、教授推理方法、设置有效练习以及培养批判思维等方面的工作以全面提升学生的推理思维能力。同时，教师应关注学生的个体差异和兴趣特点，因材施教并激发他们的学习兴趣和动力，让他们在快乐的学习中不断提升自己的数学素养和综合能力。

第 5 节 《圆的周长》教学案例分析

《圆的周长》教学内容，是特别值得培养推理思维的一节课。它建立在认识长方形、正方形的周长的基础上，是对"圆的认识"的延伸，也是学习圆柱和圆锥的基础。我们经常能从一些还没真正认识圆的半径、直径特点的孩子嘴里听到圆周率 π，可见，学生们对于这个特别的数字还是很有兴趣的，甚至感觉 π 是神秘的。但是，学生对圆周率的来龙去脉却是一团雾水。在课堂上，会出现老师让我量就量的"伪"测量，老师直接给出数据计算圆的周长是直径的 3 倍多的"伪"思考，甚至出现学生死记硬背公式的现象，π 依然是学生口中的数字而已，学生没有真正探寻 π 的本质，感受 π 的价值。

2022 年版《义务教育数学课程标准》明确提出：感悟数学度量方法，逐步形成量感和推理意识。数学知识实际是由度量和推理形成的一个逻辑体系，数学发展的过程实际是一系列以度量为基础的推理论证的过程，数学思维的培养和发展都是围绕此落实。因此，在教学中重视推理思维培养，让学生经历真实探究与理性思考的教学过程，以实现多元价值目标的有效达成。

教学目标：

1. 通过猜想、推理、验证等活动认识圆的周长，理解圆周率的意义，掌握周长计算公式。

2. 经历周长计算公式的探究过程，积累观察、比较、操作等数学活动经验，渗透转化、推理、建模等数学思想，重点培养推理思维，发展数感和空间观念。

3. 结合圆周率的探索历史感受数学文化，获得积极的情感体验。

教学重点、难点：

经历圆周率的推导过程，理解并掌握圆周长的计算方法。

圆周率 π 的推理。

教具准备：

多媒体课件、学习单、圆片、尺子、毛线、计算器。

教学过程：

一、创设情境，激发兴趣

1. 出示自行车比赛图片。

奥运会自行车比赛中规定，自行车的车轮最大直径为 70cm，最小为 55cm，下面是三种不同直径的自行车车轮，如果你是运动员，你会选哪种车轮参加比赛？为什么？

交流得到：车轮滚动一周的长度就是车轮的周长。

师：你知道圆的周长在哪吗？

先让全班同学指一指，再让一名学生上台指出。

2. 大胆猜想，利用数学画板验证。

师：同学们仔细观察这 3 个圆，大胆猜测：圆的周长与什么有关？

生：圆的周长与圆的大小、圆的半径、圆的直径甚至圆的面积有关。

3. 借助课件动态呈现不同大小的圆，验证猜想。

师：是不是正如你们猜测的一样呢？我们借助电脑观察圆的大小变化。

交流形成共识：圆的周长与圆的直径有关。圆的周长随着圆的直径变化而变化；直径长，圆的周长就长，直径短，圆的周长就短。

4. 猜测圆的周长大小和直径的关系。

师：圆的周长与它的直径之间到底存在着什么关系呢？

生：圆周长是它直径的 3 倍、3.14 倍、3.1415926……

【设计意图：兴趣是最好的老师，一个富有启发性和挑战性的问题情境能够激发学生的兴趣和求知欲，促使他们主动运用推理思维去探索和解答。课始，教师充分尊重学生已有的生活经验，让学生根据给出的 3 个圆指出圆的周长，唤醒学生学习周长的活动经验并通过观察直观感受圆的周长的大小。再借助"自行车车轮滚动一周前进的路程与圆的周长有关系"的生活情境再次感知，丰富对圆的周长的概念理解。把抽象的概念理解置于具体活动中，让学生在观察和对比中理解，有利于学生发现圆的周长的秘密，以及空间能力和推理能力的培养。】

二、自主探究，多维验证

1. 利用直观图推理圆的周长和直径的关系。

师：到底是不是你们所说的那样呢？我们可以借助已经学过的图形帮助我们找到答案哦！

（1）出示圆外切正方形图研究单。

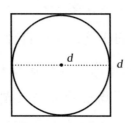

师：同学们仔细观察图，把这个圆和正方形比一比。你认为圆的周长与直径有怎样的关系呢？先独立思考，再带着你的研究单和小组成员讨论。

生集体交流汇报：这个正方形的边长等于圆的直径，正方形的周长是圆的直径的 4 倍，所以圆的周长小于直径的 4 倍。

师：同学们，圆的周长小于直径的 4 倍，那到底是几倍？

（2）出示圆内切正六边形图研究单。

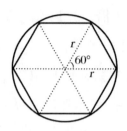

师：继续观察图，在圆里画一个内接正六边形，连接对角线，平均分成 6 等份。比一比圆的周长与正六边形的周长，哪个长？正六边形的周长和圆的直径又有什么关系？继续独立思考，再合作学习研究单。

（多让几个学生结合课件进行推理说明）

生：平均分成 6 等份，每个角是 60°，得到正三角形，正三角形的边长就是圆的半径。正六边形的周长是半径的 6 倍也就是直径的 3 倍。因为圆的周长大于正六边形的周长，所以圆的周长大于直径的 3 倍。

师：根据第一幅图，我们发现了圆的周长小于直径的 4 倍。根据第二幅图，我们知道了圆的周长大于直径的 3 倍。现在结合这两幅图，你认为圆的周长与直径的倍数关系是多少？

生：圆的周长大于直径的 3 倍，小于直径的 4 倍。

【设计意图】：推理并阐述圆周长与直径的关系，且是不等关系，需要比较圆周长与圆内接正六边形周长的关系及圆周长与圆外切正方形周长的关系。圆的周长小于直径的 4 倍，学生都能轻松推理。借助正六边形推理出圆的周长大于直径的 3 倍是难点，主要是因为学生没有系统学习正六边形。为了便于每一个孩子演绎推理，这里可以设计铺垫问题："比一比圆的周长与正六边形的周长，哪个长？"】

2. 动手实践，增强推理意识。

（1）交流测量圆的周长的方法。

师：圆的周长与直径的倍数关系，我们得到了这样一个范围：3 倍到 4 倍之间。但具体是多少呢？

交流形成共识：量出圆的周长，再除以它的直径的长度。

师：你能想办法量一量手上圆的周长吗？先独立思考，再与同桌合作交流，然后集体汇报。

预设：第一种：绕绳法。

生：用绳子沿着圆的边线绕一圈后拉直，再用直尺量。

师：你是怎么想到可以用线量？（板书：绕绳法）

第二种：滚圆法。

师：还想到了什么方法？（滚圆）

课件演示：把手里的圆像自行车车轮一样滚动一周。

思考：刚才的两种方法，共同点是什么？

生：把弯曲的变成直的。

师：这种方法在数学上叫作化曲为直。

（2）动手操作并计算周长与直径的商。

小组合作完成学习单。

师提出要求：两人合作测量圆的周长，计算周长与直径的比值，除不尽的保留两位小数，计算时使用计算器，组长将数据记录在表格中。

师：仔细观察你们的数据，有什么发现？

生1：商在3到3.2之间。

生2：他们测量的数据都不同，是因为他们的测量不够准确。

师：什么原因造成了比值不同？

生：测量的过程中的误差。

师：在手工测量过程中出现误差在所难免，我们要有实事求是的科学精神！

【设计意图：真操作、真验证是学生积累活动经验必不可少的环节。在探索圆的周长的测量方法的过程中，怎么化曲为直？这种启发性问题能够引导学生从不同角度思考问题并提出多种解决方案，能够鼓励学生大胆尝试和创新。教师引导学生探索用"绕绳法"和"滚圆法"测量周长，在此基础上提炼出"化曲为直"的方法，有意识地转化的数学思想。

在测量圆的周长并计算与直径的比值过程中，学生感受合作的必要性以及测量中的实事求是的科学精神和敢于质疑的批判性思维。】

3. 利用几何画板精密计算商。

师：大小不同的圆，它们的周长与直径的比值会不会是一个相同的数？我们还可以借助信息技术来继续研究。仔细观察数据，你们有什么发现？

生1：它们的比值都没变。

生2：无论这个圆的直径和周长怎么变，它的比值都是一个固定值。

师：它是一个固定的数，我们将它称作圆周率。同学们，那这个固定的数是多少呢？

师：因为这个数的小数点后没有重复规律，所以它是一个无限不循环小数，我们用希腊字母 π 来表示。

师：同学们，现在知道圆的周长是直径的几倍了吗？

4. 介绍圆周率的历史，感受中国古代数学家的智慧。

5. 推理圆周长的计算公式。

师：已知直径，求圆的周长，用直径乘以 π。我们也可以用字母来表示：$C = \pi d$。

师：同样，如果已知半径 r，你能求出圆的周长吗？就是用半径乘以 2π。用字母表示为 $C = 2\pi r$。

师：在我们日常应用中，我们取 π 的近似值 3.14。

6. 播放钢琴曲《π 之歌》。

师：除了《π 之歌》，还有很多关于 π 的有趣故事，比如：祖冲之山、π 节、π 诗歌等，可见人们对 π 的喜欢！

【设计意图：操作活动经验才能发展小学数学推理能力，学生对圆的周长公式的掌握，不只是简单地对公式的记忆，更重要的是通过操作活动积累经验，利用转化的思想，逐步推导出圆的周长计算公式。"育贤思堂"，它不仅是知识传承的地方，更是有着独特的育人效果的殿堂。把数学文化和数学知识有机结合，特别是孩子喜闻乐见的 π 的探究，充满了生机与活力，让学生理解 π，爱上 π，更爱上数学课堂。】

三、分层练习，巩固学习

练习 1：

自行车轮子的直径分别是 60 厘米、55 厘米和 50 厘米。

师：请同学们计算一下，它们车轮的周长分别是多少厘米？

学生计算，教师巡视，注意学生的写题过程规范。

全班交流，教师板书示范解题过程。

练习 2：

屏幕呈现圆形木桌画面，并给出圆形桌面的半径是 1 米。

师：请同学们计算一下，这个圆形木桌需要多少米长的花边？

学生计算，教师巡视，个别学生展示解题过程。

全班交流。

练习 3：

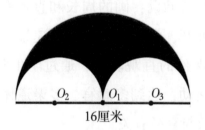

16厘米

师：哪条路线比较长？用自己喜欢的方法说明。

生 1：计算得到两条路线的长度相等。

生 2：推理得到两个小半圆的周长等于大半圆的周长。

【设计意图：有层次的梯度练习既巩固了圆的周长的知识，又让学生学以致用，感受到数学与生活的紧密练习。练习 3 中的哪条路更近，既可以用计算的方法解决问题，也能用推理的思想找到答案。实现：人人学有价值的数学；人人都能获得必需的数学；不同的人在数学上得到不同的发展。】

四、概括总结，深化推理

师：通过今天的学习，你有什么收获呢？我们是怎么获得这些知识的？（猜想——推理——验证）

教学反思：

度量是数学的本质，如果没有测量空间的工具，我们便不能构造空间。推理是数学思维的主要表现形式之一，是建立在度量基础上的思维方式。《圆的周长》教学中，通过猜想，数据的测量过程的探索、验证和发现，有效培养学生的推理意识，发展他们的数学思维。

一、聚焦问题，激发推理欲望

巧于设疑提问，是解决问题的起点，是探索的动力。借助不同大小的车轮滚动的远近问题调动学生已有的知识经验，激发学生的好奇心，再让学生大胆猜测"圆的周长跟什么有关"，吸引学生的注意力，借助多媒体工具的动态演示，学生形象生动地感知周长的大小和直径有关。学生顺理成章地聚焦到核心问题：圆的周长和直径有什么样的关系？这一更具有挑战性的话题展开，学生的关注点迅速聚焦，有利于其数学思维的发展。利用多媒体课件的直观教学，通过学生独立思考、上台操作，教师课件动态演示等活动，达到多感官、多渠道体验感悟的目的，学生达成共识，即圆的周长与直径有关。

二、思量融合，唤醒推理活力

五年级的学生虽然积累了不少合情推理的经验，但是演绎推理还比较薄弱。通过平移直径，在圆外切正方形，圆外切正方形的周长是直径的 4 倍；通过旋转半径，在圆内接正六边形，动态构图能让学生感受到圆内接正六边形的周长是半径的 6 倍。通过动态图像演示，让每一位学生亲眼看到、亲身感受圆外切正方形周长与直径的关系、圆内接正六边形周长与半径的关系，从而推理出圆的周长与直径的关系值范围，将学生的注意力集中在突破核心问题"圆的周长与直径的关系"上。这种

"可视化"的思维，更有利于大脑理解和记忆，学生分层次观察、思考、推理、交流，真正做到有理有据，课堂的数学味才更浓郁。

教师可以精心"设局"，借助学生的测量数据，发现圆的周长与直径的比值不一定是 3.14，为什么会这样？通过交流讨论得出科学的实验测量是允许误差的。教师应鼓励学生勇于质疑权威和既定答案，并培养他们的反思能力，发展学生的批判性思维，使学生感受到数学测量的严谨性，为后续研究圆周率埋下伏笔。

多媒体中几何画板能够将抽象的数学概念 π 通过动态图形直观地展示出来，使学生能够更容易地理解和掌握数学知识。通过动态演示，学习过程变得更加生动有趣，学生可以在变化的图形中观察并发现圆的周长与直径的比值规律，这对于理解数学原理至关重要。借助多媒体课件，让学生理解、思考、交流有关圆周率的历史，体会数学家漫长探索圆周率的过程，激发出民族自豪感以及研究无止境的思想。

三、分层练习，渗透推理意识

在练习的设置上，教师应注重适量与适度、梯形上升的原则，根据学生的实际情况逐步增加题目的难度和推理的复杂度，不仅让学生在挑战中不断提升自己的推理能力，而且激发他们的学习兴趣和动力。

总之，现实生活中，人们面对纷繁复杂的信息，经常需要先选择和判断，接着进行推理、作出决策。因此，培养学生的推理能力，是培养学生"会用数学的思维思考现实世界"的核心素养的重要着力点之一。核心素养的培养是一个漫长的过程，推理能力的形成也并非一朝一夕之事，小学数学教学中合情推理与演绎推理相辅相成，共同担负着发展学生推理意识的重要作用。

第六章 "育贤思堂"之建模思维培养

在数学教学中，建模思维能帮助学生将抽象的数学概念与实际问题相联系，通过构建数学模型来理解和解决问题。这一过程不仅能加深学生对数学知识的理解，而且能培养他们的逻辑思维能力和解决问题的能力。当学生面对复杂的数学问题时，能够运用建模思维将其分解为几个简单的部分，逐步推导出解决方案，从而提高学习效率和成就感。在社会生活中，建模思维同样具有广泛的应用价值。无论是经济决策、工程设计还是科学研究，都需要人们运用建模思维来分析和预测问题的发展趋势，找到最优的解决方案。通过构建数学模型，人们可以更加直观地理解问题，预测未来的变化，并据此做出科学的决策。这种能力对于个人的职业发展和社会的整体进步都具有重要意义。因此，在"育贤思堂"中注重培养学生的建模思维，不仅能够提高他们的数学素养，还能够为他们未来的学习和生活打下坚实的基础。

第 1 节 建模思维的概念解析

数学模型，是对现实世界中的特定对象、现象或系统，运用数学语言、符号和公式进行抽象、简化和量化后的表示。数学模型不仅是连接理论与实践的桥梁，更是培养学生逻辑思维、创新思维及问题解决能力的关键工具。对于小学生而言，尽管他们的数学知识体系尚处于构建初期，但通过简单的数学模型引入，可以激发他们对数学的兴趣，初步培养建模思维，为未来深入学习数学乃至其他学科奠定坚实基础。以下将从数学模型的定义出发，结合小学数学教学内容，深入探讨数学建模过程在小学数学课堂中的应用与意义。

数学模型，是运用数学语言、符号和公式对现实世界中的特定对象、现象或系统进行抽象、简化和量化的表示。这种表示方式不仅有助于更清晰地认识和理解复杂现象，而且能揭示其内在规律，预测未来趋势。在小学数学教学中，数学模型往往以直观、易懂的形式呈现，如简单的算术运算、图形变换、比例关系等都是数学模型在基础教育阶段的具体体现。

数学建模是构建数学模型的过程，要求学生具备深厚的数学基础、敏锐的问题洞察力和创新的思维能力。对于小学生而言，这一过程虽不如专业领域的建模那么复杂，但同样包含了明确问题、收集数据、建立模型、求解模型、验证模型和应用模型等基本步骤。以下将结合小学数学教学内容，详细阐述这些步骤的实施策略。

第一步：明确问题。在小学数学课堂上，明确问题是建模的第一步。教师可以通过创设贴近学生生活的情境，引导学生发现问题并提出问题。例如，在教授"加减法"时，可以设计一个购物场景，让学生扮演顾客和售货员，通过模拟购物过程提出问题："如果我有10元钱，买了一支笔花了3元，还剩下多少元钱？"这样的问题设置既贴近学生生活，又能激发他们的兴趣，让他们明确需要解决的问题。

第二步：收集数据。在明确问题后，学生需要根据问题的需求收集相关数据。在小学阶段，数据收集通常较为简单，可能只是简单的计数或测量。例如，在教授"统计与概率"时，可以让学生统计班级里男女生的人数，或者测量不同物体的长度、重量等。这一过程不仅锻炼了学生的观察能力，还培养了他们的数据收集意识。

第三步：建立模型。建立模型是数学建模的核心步骤。在小学阶段，由于学生的数学知识和能力有限，所建立的模型往往较为简单。但即便如此，教师也应引导学生根据问题的特点和需求，选择合适的数学方法和工具来构建模型。例如，在教授"面积计算"时，可以让学生用方格纸覆盖一个图形，通过数方格的数量来估算图形的面积，这就是一个简单的数学模型。又如，在教授"比例关系"时，可以引导学生通过观察和比较不同物体之间的比例关系，建立比例模型来解决问题。

第四步：求解模型。求解模型是利用数学方法和计算机技术对建立的数学模型进行求解的过程。在小学阶段，求解过程往往较为直接和简单，主要依赖基本的数学运算和逻辑推理。例如，在教授"方程"时，可以让学生通过移项、合并同类项等方法求解简单的方程。此外，随着信息技术的普及，教师还可以引导学生使用计算器或简单的数学软件来辅助求解，提高他们的计算效率和准确性。

第五步：验证模型。验证模型是检验模型准确性和可靠性的重要环节。在小学阶段，教师可以通过对比模型结果与实际数据或实验结果来验证模型的正确性。例如，在教授"分数加减法"时，可以让学生通过实际操作（如分苹果）来验证计算结果是否正确。此外，教师可以设计一些开放性问题或情境，让学生尝试用不同方法求解并比较结果，从而培养他们的批判性思维和验证能力。

第六步：应用模型。应用模型是数学建模的最终目的和检验模型实用性的重要环节。在小学阶段，教师可以引导学生将建立的数学模型应用到实际生活中去解决问题或进行预测。例如，在教授"百分数"时，可以让学生调查并计算家庭开支中各项费用的百分比，并据此提出节约开支的建议。又如，在教授"时间、速度与距离的关系"时，可以让学生根据已知条件计算到达某地的所需时间或所需速度等。这些应用活动不仅巩固了学生的数学知识，还培养了他们的实践能力和创新意识。

数学建模不仅仅是技术操作的过程，更是一种思维方式的体现，要求建模者具备抽象思维、逻辑思维、创新思维和批判性思维等多种思维能力。其一，抽象思维是数学建模的基础。在小学数学教学中，教师可以通过引导学生观察和分析生活中的数学问题，培养他们从具体事物中抽象出数学概念和规律的能力。例如，在教授"图形变换"时，可以让学生观察生活中的对称现象（如蝴蝶翅膀、树叶等）并尝试用图形表示出来；在教授"分数"时，可以让学生通过分割物体来理解分数的意义等。这些活动都有助于培养学生的抽象思维能力。其二，逻辑思维是数学建模的核心。在小学数学教学中，教师可以通过设计一系列有序的问题链或推理过程来培养学生的逻辑思维能力。例如，在教授"加减法"时，可以让学生通过"凑十法"或"破十法"等策略进行推理和计算；在教授"解决问题"时，可以让学生按照"理解题意、分析数量关系、列式计算、检验答案"的步骤进行思考和解答等。这些活动都有助于学生建立合理的推理链条并提高他们的逻辑思维能力。其三，创新思维是数学建模的动力源泉。在小学数学教学中，教师可以通过鼓励学生尝试不同的解题方法和策略来培养他们的创新思维能力。例如，在教授"应用题"时，可以让学生从不同角度思考问题并提出多种解决方案；在教授"图形变换"时，可以让学生尝试用不同的图形组合出有趣的图案等。这些活动都有助于激发学生的创造力和想象力，并培养他们的创新思维能力。其四，批判性思维是数学建模不可或缺的一部分。在小学数学教学中，教师可以通过引导学生对已有结论或模型进行质疑和反思来培养他们的批判性思维能力。例如，在教授"统计与概率"时，可以让学生对统计结果进行质疑并讨论可能存在的误差和偏差；在教授"解决问题"时，可以让学生对同学的解答进行点评并提出改进意见等。这些活动都有助于学生形成独立思考和判断的能力，并提高他们的批判性思维能力。

数学模型及建模思维是数学与实际问题相结合的重要工具和方法，不仅有助于学生更深入地理解和解决复杂问题，而且能培养他们的多种思维能力并为他们的未来发展奠定坚实基础。在小学数学教学中，融入数学模型和建模思维的培养具有重要意义和深远影响。

第2节　建模思维的主要特点

建模思维指引我们在纷繁复杂的现实世界中寻找问题的答案。它不仅仅是一种数学工具或技术方法，更是一种深刻影响我们认知世界、解决问题的思维方式。建模思维的独特性，在于其能够将复杂问题化繁为简，通过抽象概括、逻辑严密、创新突破、批判审视以及跨学科融合等多个维度的综合运用，展现出强大的问题解决能力。以下是对建模思维特点的深入剖析，旨在全面揭示其内在逻辑与优势。

一、概括性：洞察本质，把握全局的慧眼

建模思维的概括性，是其最基础也是最核心的特性。在信息爆炸的时代，我们每天都被海量的数据和信息包围，如何从中筛选出有价值的内容，进而洞察问题的本质，成为每个决策者、研究者必须面对的挑战。建模思维提供了一种有效的解决方案——通过抽象概括将复杂问题中的非本质细节剥离，只留下最关键、最核心的要素，用简洁的数学语言、符号或图形表示。

这种概括能力，要求建模者具备高度的敏锐性和洞察力，能够迅速捕捉到问题中的关键信息，并将其转化为可操作的模型。例如，在经济学领域，通过建立宏观经济模型，研究者可以将影响经济增长的众多因素（如消费、投资、政府支出、出口等）简化为几个核心变量，通过数学关系描述它们之间的相互作用，从而揭示经济增长的内在规律。这种化繁为简的过程，不仅提高了研究的效率，也增强了结论的准确性和可靠性。

二、严密性：逻辑严谨，确保精准的基石

建模思维的严密性，是其生命力之所在。在构建模型的过程中，每

一步推理都必须基于明确的假设和前提，遵循严格的逻辑规则。这种逻辑严密性确保了模型的准确性和可靠性，使模型能够真正反映实际问题的本质。逻辑严密性要求建模者具备扎实的数学基础和严谨的科学态度。在建模过程中，他们需要仔细分析问题的各个方面，明确模型的假设条件，确保这些条件既符合实际情况，又能够简化问题。他们还需要运用数学语言精确描述模型中的各个变量和关系，确保推理过程的连贯性和无矛盾性。这种对细节的严格把控，使模型在求解和验证阶段能够经受住各种考验，确保最终结论的可靠性。

三、创新性：突破常规，引领未来的动力

建模思维的创新性，是其不断前进的动力源泉。面对日新月异的世界和层出不穷的新问题，建模者需要具备敏锐的洞察力和勇于探索的精神，敢于突破传统框架的束缚，提出新颖的观点和方法。

创新性在建模过程中体现在多个方面。首先，在模型构建阶段，建模者需要创造性地选择合适的模型结构和参数设置，以更好地反映实际问题的特征。其次，在求解过程中，他们可能需要采用新的算法或技术来克服传统方法的局限性。最后，在模型验证和应用阶段，他们需要不断反思和调整模型，以适应新的问题情境和变化需求。这种持续的创新活动，不仅推动了建模理论和方法的发展，也为解决实际问题提供了更加有效的途径。

四、批判性：审视既有，追求真理的勇气

建模思维的批判性是其保持客观公正、追求真理的重要保障。在科学研究中，任何模型和理论都不是绝对真理，都需要经过实践的检验和修正。建模思维通过培养建模者的批判性思维能力，使他们能够客观、理性地评价模型和假设的合理性，及时发现并纠正其中的错误和偏差。批判性思维要求建模者具备独立思考和自主判断的能力。在面对已有的

模型和假设时，他们不应该盲目接受或全盘否定，而应该通过深入分析和比较，评估其优缺点和适用范围。他们还需要保持开放的心态和严谨的态度，勇于接受新的证据和观点，不断修正和完善自己的模型。这种批判性思维不仅有助于提升建模者的个人素养和创新能力，也促进了科学知识的不断进步和发展。

五、跨学科性：融合智慧，共创未来的桥梁

建模思维的跨学科性，是其解决复杂问题的独特优势所在。现实世界中的问题往往涉及多个领域和方面，需要综合运用多种学科的知识和方法来解决。建模思维通过强调跨学科性，鼓励建模者打破学科壁垒，将不同领域的知识和方法有机融合，形成综合性的解决方案。跨学科性要求建模者具备广泛的知识储备和跨学科的视野。他们不仅需要掌握数学、统计学等基础知识，还需要了解相关领域的专业知识和技术方法。在建模过程中，他们需要将这些不同领域的知识和方法进行有机结合，形成新的思路和解决方案。这种跨学科的能力不仅能提高建模者的综合素质和创新能力，而且能促进不同学科之间的交流和合作，为共同解决复杂问题提供了有力支持。

建模思维的这些特点并不是孤立存在的，而是相互关联、相互支持的。在实际应用中，建模者需要根据问题的具体情况和自身条件，灵活运用这些特点来构建模型、求解问题并验证结论。

第3节　建模思维的培养价值

建模思维的培养价值深远且广泛，它不仅在学术研究中占据重要地位，更在个人成长、职业发展以及社会问题解决等多个方面展现出不可估量的价值。以下是建模思维培养价值的详细阐述。

一、建模思维有助于提升问题解决能力

建模思维的核心在于将复杂问题抽象化、简化为可操作的模型，这一过程极大地锻炼了问题解决者的逻辑思维和抽象思维能力。通过建模，人们能够更清晰地识别问题的关键要素，理解各要素之间的关系，从而制订更加精准有效的解决方案。这种能力的提升，无论是在学术研究、工程设计还是商业决策中，都具有极高的实用价值。

建模思维在小学数学教学中扮演着至关重要的角色，其核心在于引导学生将复杂的数学问题抽象化、简化为直观的数学模型，如利用图形表示数量关系、构建算式模型解决应用题等。这一过程不仅能加深学生对数学概念的理解，还极大地锻炼了他们的逻辑思维和抽象思维能力。通过建模，学生能够更清晰地识别问题的核心要素，如已知条件、未知量及它们之间的逻辑关系，进而运用所学知识，如加减乘除、比例、方程等，选择精准有效的解题策略。这种能力的培养，不仅在数学学科中具有深远影响，还为学生将来在学术研究、工程设计乃至商业决策中解决复杂问题奠定了坚实的基础，体现出极高的实用价值。

二、建模思维有助于促进创新思维发展

建模思维鼓励创新，要求建模者在面对新问题时能够突破传统框架，提出新颖的观点和方法。在小学数学教学中，建模思维鼓励学生勇于探索、敢于创新。这种思维方式不仅要求学生掌握基本的数学知识和技能，更要求他们在面对新问题时能够摆脱传统框架的束缚，以新颖的视角和独特的方法去构建数学模型。例如，在教授"分数加减法"时，教师可以引导学生不再局限于传统的"找公分母、通分"的方法，而是鼓励他们探索是否有更简洁、更直观的方式来理解分数运算。这样的教学过程，不仅能激发学生们的好奇心和求知欲，而且能让他们在实践中体会创新的乐趣和成就感。

在快速变化的现代社会中，创新能力已成为衡量个人和组织竞争力的重要标尺。"育贤思堂"中融入建模思维的培养，不仅是对学生个人能力的全面提升，更是对社会长远发展负责的重要体现。

三、建模思维有助于增强跨学科合作能力

在小学数学的教学实践中，建模过程虽看似局限于数学领域，实则蕴含着跨学科合作的深刻内涵。学生在解决数学问题时，往往需要借助图形、逻辑，甚至是日常生活常识等多方面的知识，这一过程无形中锻炼了他们的跨学科思维。例如，在教授"比例尺概念"时，学生不仅要理解数学中的比例关系，还需结合地理知识理解地图与实际地形的对应关系，甚至可能利用信息技术来制作或解读地图。

通过培养建模思维训练，学生能够更加灵活地跨越学科界限，将数学、科学、技术乃至人文社科等领域的知识有机融合，形成更具创新性和实用性的解决方案。这种跨学科的合作模式，不仅能促进学科之间的融合，而且能为解决诸如环境保护、城市规划等复杂社会问题提供新的视角和方法。更重要的是，建模思维还能让不同领域的专家基于共同的数学模型进行交流，共同探讨问题的解决方案，推动社会整体的进步与发展。在小学阶段培养学生的建模思维，无疑是为培养未来社会的复合型人才奠定了坚实的基础。

四、建模思维有助于培养批判性思维能力

建模思维强调对已有模型和假设的批判性审视，要求建模者不断检验和修正模型以确保其准确性和可靠性。这种批判性思维能力的培养，有助于人们形成独立思考、自主判断的习惯，避免盲目接受现有理论或结果。在信息时代，批判性思维能力尤为重要，它能够帮助人们筛选出有价值的信息，避免被误导或欺骗。因此，建模思维的培养对于提升公众的科学素养和认知能力具有重要意义。

在小学数学教育的殿堂里，建模思维不仅引导学生构建数学模型解决问题，更深刻地强调了批判性审视的重要性。当学生面对一个数学问题，建立初步模型后，教师往往鼓励他们不仅仅满足于表面的解答，而是要进一步审视模型的合理性和准确性。这一过程中，学生不断地检验与修正，逐步深化对数学原理的理解。

批判性思维的培养，在学生的心智发展中占据着举足轻重的地位。它教会学生不盲从、不轻信，用理性的眼光审视周围的世界。在信息时代，信息如潮水般涌来，学生需要具备批判性思维能力，才能从海量的信息中筛选出真正有价值的内容，避免被误导或陷入误区。

因此，"育贤思堂"中融入建模思维，实际上是在为学生未来的科学探索和日常生活打下坚实的基础。它教会学生独立思考、自主判断，让他们在成长的道路上更加自信、更加坚定。更重要的是，这种批判性思维能力的养成，对于提升整个社会的科学素养和认知能力具有深远的意义，让公众在面对复杂多变的世界时，能够保持清醒的头脑，做出明智的选择。

五、建模思维有助于促进终身学习与发展

建模思维是一种动态的、不断进化的思维方式，要求建模者保持对新知识、新技术的敏感度和学习热情。通过培养建模思维，人们能够更加容易地适应快速变化的环境，不断学习新知识、掌握新技能以应对新的挑战。这种终身学习的态度和能力，对于个人在职业生涯中的发展和成功至关重要，也推动了整个社会的持续进步和发展。

建模思维，作为一种充满活力与适应性的思维方式，其核心在于动态性和不断进化的特质。它激励建模者始终保持对新兴知识、尖端技术的敏锐感知与强烈学习欲望。在这个日新月异的时代，技术的飞跃与知识的爆炸性增长成为常态，建模思维正是那把钥匙，帮助人们解锁未知，拥抱未来。建模思维不仅使个体更加灵活地应对周围环境的快速变化，

而且能在变化中寻找机遇，主动出击。这种能力促使人们不断学习新知，掌握多元化的技能，以应对职业生涯中层出不穷的新挑战。无论面对行业变革、技术革新还是市场需求的调整，拥有建模思维的人都能够迅速调整策略，保持竞争力，实现个人价值的最大化。

第4节　建模思维的培养策略

数学建模，作为连接数学理论与现实世界的桥梁，不仅是解决复杂问题的利器，更是培养学生创新思维和逻辑能力的有效途径。在"育贤思堂"中，教师应注重数学建模思维的培养，引导学生学会从实际问题中抽象出数学模型，运用数学方法进行分析和求解，最终将结果用于指导实践。这一过程不仅要求学生掌握扎实的数学基础知识，更需要他们具备敏锐的观察力、深刻的思考力和灵活的创造力。通过参与数学建模活动，学生可以学会如何收集和处理数据，如何运用数学语言描述现实世界，如何构建并优化数学模型，以及如何评估模型的有效性和可靠性。因此，教师应积极创造条件，鼓励学生参与数学建模竞赛、项目研究等实践活动，让他们在解决问题的过程中不断挑战自我，提升能力。同时，加强引导，注重培养学生的数学素养和综合能力，为他们未来的学习和工作打下坚实的基础。

一、明确建模目标：激发兴趣，明确方向

在小学数学教学中，培养学生的数学建模思维首先需要从明确建模目标开始。这一阶段不仅是数学建模的起点，也是激发学生兴趣、调动其积极性的关键环节。教师可以通过设计贴近学生生活、富有挑战性的问题情境，如"如何合理安排零花钱""如何计算班级同学的平均身高"等，引导学生认识到数学建模的实用性和趣味性。

一要设计问题情境。为了让学生更好地理解和接受建模任务，教师

应精心设计问题情境。例如，在"如何合理安排零花钱"的问题中，教师可以先让学生回顾自己一周或一个月的零花钱使用情况，然后提出如何规划才能使零花钱既满足日常需求又能有所节余。这样的问题贴近学生生活，容易引起共鸣，能够激发学生的探索欲望。

二要明确教学目标。在明确问题后，教师需要与学生一起讨论问题的背景和需求，确保他们理解问题的关键要素和建模的必要性。通过提问、讨论等方式，引导学生将模糊的问题转化为具体的建模目标。例如，在零花钱管理问题中，建模目标可以设定为"制订一个合理的零花钱使用计划，确保每月结余不低于一定金额"。

三要培养建模意识。教师应注重培养学生的建模意识，通过讲解建模的基本概念、流程和应用价值，让学生认识到数学建模是解决实际问题的一种有效方法。同时，鼓励学生将数学建模的思想和方法应用到其他学科的学习和生活中，培养他们的跨学科思维。

二、数据收集与理解：培养数据敏感性，提升分析能力

数据收集与理解是数学建模过程中的重要环节。在这一阶段，教师应指导学生如何收集与问题相关的数据，并引导他们对数据进行初步的探索和分析。

一要加强数据收集方法的指导。教师应向学生介绍多种数据收集方法，如直接测量、问卷调查、观察记录等，并根据问题的特点选择合适的方法。例如，在零花钱管理问题中，可以指导学生通过记账的方式记录每天的零花钱支出情况；在身高统计问题中，可以组织学生进行身高测量并记录下来。

二要强化数据初步分析。收集到数据后，教师应引导学生对数据进行初步的探索，包括观察数据的分布特点、识别数据的规律和潜在问题。例如，在零花钱管理问题中，可以引导学生观察每周或每月的支出变化趋势，区分哪些支出是必要的、哪些是可以避免的；在身高统计问题中，

可以引导学生观察不同性别、年龄段的身高分布情况。

三要提升数据分析能力。通过数据初步探索的过程，教师可以逐步提升学生的数据分析能力，鼓励学生运用统计图表（如条形图、折线图、饼图等）来直观地展示数据特征；引导学生运用简单的统计量（如平均数、中位数、众数等）来描述数据的整体情况；同时，还可以介绍一些基本的统计方法（如方差分析、相关性分析等），让学生初步了解如何对数据进行深入分析。

三、数据准备与预处理：确保数据质量，为建模奠定基础

数据准备与预处理是数学建模过程中不可或缺的环节。在这一阶段，教师应引导学生识别和处理数据中的缺失值、异常值等问题，确保数据的准确性和可靠性；同时，还应根据建模需要，对数据进行适当的转换和规范化处理。

一是缺失值处理。在数据收集过程中，难免会出现一些缺失值，教师应指导学生如何识别和处理这些缺失值。常用的方法包括删除法（直接删除含有缺失值的记录）、插补法（用某种方法估计缺失值并填入）等。在选择具体方法时，需要考虑数据的具体情况和建模的需求。

二是异常值识别与处理。异常值指与大多数数据明显不同的数据，可能是由于测量错误、记录错误或数据本身的特殊性造成的。教师应引导学生识别这些异常值，并根据具体情况选择保留、删除或调整。在处理异常值时，需要谨慎权衡其对建模结果的影响。

三是数据转换与规范化。为了满足建模的需要，有时需要对数据进行适当的转换和规范化处理。例如，在回归分析中，如果自变量和因变量的量纲不同或数值范围相差较大，可能会影响模型的稳定性和准确性。此时，可以通过数据标准化或归一化等方法将数据转换到同一量纲或同一数值范围内。此外，还可以根据需要对数据进行分组、分类等处理以便更好地进行建模分析。

四、模型建立：选择合适模型，培养逻辑思维与创新能力

模型建立是数学建模过程中的核心环节。在这一阶段，教师应根据问题和数据的特点，引导学生选择合适的数学模型进行建模；同时还应注重培养学生的逻辑思维和创新能力。

一是模型选择。选择合适的数学模型是建模成功的关键。教师应根据问题的性质和数据的特点引导学生选择合适的模型类型。例如，对预测类问题可以选择线性回归模型、时间序列模型等；对于分类问题可以选择逻辑回归模型、决策树模型等；对于优化问题可以选择线性规划模型、整数规划模型等。在选择模型时还需要考虑模型的复杂度、计算量以及实际应用的可行性等因素。

二是模型构建。在确定模型类型后，教师需要指导学生运用数学知识和建模技巧构建具体的数学模型。这个过程需要学生具备扎实的数学基础和良好的逻辑思维能力。教师可以通过讲解示例、提供模板等方式帮助学生逐步掌握模型构建的方法。同时，应鼓励学生发挥自己的想象力和创造力，尝试构建新的模型或改进现有模型，以提高模型的性能和应用效果。

三是逻辑思维与创新能力培养。在模型建立的过程中，教师应注重培养学生的逻辑思维和创新能力，通过引导学生分析问题的本质和规律培养他们的逻辑思维能力，通过鼓励学生提出新的想法和解决方案培养他们的创新能力。教师还可以组织学生进行小组讨论或合作研究，让他们在交流中碰撞思想、激发灵感。

五、模型评估与优化：验证模型效果，持续改进提升

模型评估与优化是数学建模过程中的重要环节。在这一阶段，教师应引导学生通过对比模型的预测结果与实际结果，评估模型的准确性和可靠性，还应根据评估结果对模型进行优化调整以提高模型的性能和应

用效果。

一是模型评估。模型评估是验证模型效果的关键步骤。教师应指导学生如何设计评估方案、收集评估数据并计算评估指标以评估模型的性能。在评估过程中，需要注意评估数据的独立性和代表性以确保评估结果的客观性和准确性。此外，还需要关注模型的泛化能力，即模型在未见过的数据上的表现能力。

二是优缺点分析。在评估模型后，教师应引导学生对模型的优缺点进行深入分析，发现模型存在的问题和不足，并为后续的优化调整提供方向。例如，可以分析模型在哪些情况下表现良好、在哪些情况下表现不佳，可以探讨模型参数的敏感性以及不同参数设置对模型性能的影响等。

三是优化调整。根据评估结果和优缺点分析，教师应指导学生对模型进行优化调整以提高模型的性能和应用效果。优化调整的方法多种多样，包括调整模型参数、改进模型结构、引入新的特征变量等。在优化调整过程中，需要注重实验设计和验证以确保优化调整的有效性和可靠性。

六、模型应用与反思：解决实际问题，总结经验教训

模型应用与反思是数学建模过程的最后环节，也是最重要的环节之一。在这一阶段，教师应引导学生将优化后的模型应用于解决实际问题中，还应鼓励学生对整个建模过程进行反思和总结，分析建模过程中的得与失，总结经验教训，为未来的建模活动提供参考。

一是模型应用。将优化后的模型应用于实际问题中是数学建模的最终目的。教师应指导学生将模型转化为可操作的方案或建议，并应用于解决实际问题中。例如，可以将零花钱管理模型转化为一个具体的零花钱使用计划并指导学生按照计划执行，可以将身高统计模型转化为一个身高分布报告并为学生和家长提供参考等。在模型应用过程中，需要注

意模型的适用性和可行性以确保模型能够真正解决实际问题。

二是生活化应用。为了让学生更好地体验数学建模的实用价值，教师可以鼓励学生将建模成果应用于生活中。例如，可以让学生设计一个简单的家庭预算计划并帮助家长进行家庭财务管理，可以让学生设计一个班级活动安排方案并组织班级同学一起参与等。这些生活化应用可以让学生更加深刻地认识到数学建模的实用性和趣味性，并激发他们的学习兴趣和动力。

三是反思与总结。在整个建模过程结束后，教师应引导学生对整个建模过程进行反思和总结，包括回顾建模目标、分析建模过程中的得与失、总结经验教训等方面。反思和总结可以让学生更加清晰地认识到自己在建模过程中的不足之处并找到改进的方向，也可以让学生更加深入地理解数学建模的思想和方法，为未来的建模活动提供有益的参考。此外，教师还可以组织学生进行成果展示和交流活动，让他们在展示和交流中相互学习，共同提高。

培养学生的数学建模思维，需要从明确建模目标、数据收集与理解、数据准备与预处理、模型建立、模型评估与优化以及模型应用与反思等多个方面入手。这些教学策略的实施可以有效地培养学生的数学建模思维，提高他们的数学素养和问题解决能力。

第5节 《乘法分配律》教学案例分析

乘法分配律是小学阶段一个非常重要的运算定律，它是乘法与加减法的联系，有助于引导学生进一步理解整数四则运算的意义，同时也是一种重要的数学模型思想，帮助学生积累丰富的四则运算活动经验，为第三学段学习"合并同类项"等知识做准备。但乘法分配律的内容和外在形式都比较复杂，不易归纳总结和理解掌握，更重要的是乘法分配律变式多、拓展多，应用范围广，历来是教学的重点，也是难点。

因此，教师应注重学生的知识感知，创设贴近学生生活的情境，让学生从生活原型中找到支点，理解运算定律的意义；引导学生借助直观情境和几何直观图形展开学习；给学生思考和探究的空间，有效经历知识形成的过程，完成知识构建，并获得积极的学习体验，培养学生的建模思维。

教学目标：

1. 引导学生利用观察、比较、分析、画图、想象、归纳、概括等方式，从乘法的意义深刻理解乘法分配律的内涵。

2. 经历建构乘法分配律模型的探索过程，发展推理能力，增强符号意识，体会数学表达的严谨、简洁，感悟模型思想，培养建模思维。

3. 在参与数学活动的过程中，获得学习成功的体验，积累数学活动经验，增强学习数学的兴趣和学好数学的信心。

教学过程：

一、借助情境，多维探究

出示例题：学校举行教职工排球比赛，3位女老师购买了比赛服装。

30元/件　　20元/件

| 3套一共需要多少元？ |

1. 学生列式解答，让有不同解法的学生在黑板上板书。

$30×3+20×3$ 　　　　　$（30+20）×3$

$=90+60$ 　　　　　　$=50×3$

$=150$（元）　　　　　$=150$（元）

师：两个算式的得数都是150，是相等的，我们把它写在一起，中间可以用"="连接。

板书：30×3+20×3＝（30+20）×3

2．师：看看这两个算式的数字、运算符号，比较一下，它们有哪些地方相同？哪些地方不同？

学生小组交流。

相同的地方：两个算式的数字一样，都有 30、20、3 这三个数；运算符号一样，都有加法、乘法两种运算。

不同的地方：数字的个数不同，左边有 4 个数，右边有 3 个数；运算顺序也不同，左边是先算乘法，再算加法，右边是先算加法，再算乘法。

3．师：同学们观察得很仔细。左右两个算式，数字一样，运算符号一样，但数字个数不同，运算顺序也不同。你们有什么疑问吗？

生：为什么这两个算式的结果是相等的呢？（教师板书:?）

学生先独立思考，再与同桌交流。

【设计意图】：情境引入，问题先行。明确问题是建模的第一步，通过创设贴近学生生活的情境，引导学生运用已有的知识来解决问题。在解决问题的过程中，学生发现并提出新的问题："左右两个算式，数字一样，运算符号一样，但数字个数不同，运算顺序也不同，为什么结果却是相等的呢？"问题的设置既贴近学生生活，又使他们明确需要解决的问题。】

（1）实物探究，探索明理。

师：谁能到黑板前来结合图说一说？掌声送给敢于挑战的同学。

学生结合图演示：左边的算式表示 3 件上衣的价钱加上 3 条裤子的价钱。右边的算式表示 3 套衣服的价钱。（如图）

小结：算式 30×3+20×3 表示把衣服、裤子按类分开算（教师板书：→分），算式（30+20）×3 表示把衣服、裤子按套搭配算（教师板书：↓配）。

【设计意图：本环节的设计是让学生结合实物图，区分不同的解题思路：一种是按衣服、裤子分开算解决问题，一种是按衣服、裤子配套算解决问题，初步感知乘法分配律等式的特征。】

（2）意义理解，探索模型。

出示图：

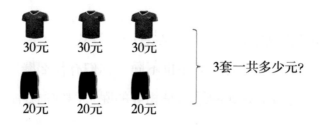

师：还有不同的想法吗？

师：万物皆数，用数学的眼光观察，你看到了……

当学生说看到 3 个 30 和 3 个 20 时，教师出示下图，让学生指一指。

```
  30元      30元      30元
                              ⎫
                              ⎬ 3套一共多少元?
                              ⎭
  20元      20元      20元
```

当学生说看到 3 个（30+20）时，教师也让学生指一指。

生：3 个 30 加 3 个 20，等于 3 个（30+20）。

教师出示：

      3 个 30+3 个 20

    = 3 个（30+20）

师：从乘法的意义也能说明它们是相等的。

（3）算式推导，探索模型。

出示：

$$30×3+20×3$$
$$=（30+30+30）+（20+20+20）$$
$$=（30+20）+（30+20）+（30+20）$$
$$=（30+20）×3$$

师：你看懂了吗？

同桌互相说一说。

学生在交流中发现：3个30加3个20，可以写成加法算式（30+30+30）+（20+20+20）。应用加法交换律，1个30和1个20搭配写在一起，就变成了3个（30+20），也就是（30+20）×3。

师：从算式的推导，我们也能发现这两个算式是相等的。从上往下看，原先是分类算，现在变成搭配算（课件板书：分配）。如果从下往上看呢？

师：现在你明白这两个算式为什么相等吗？这个问号可以去掉了吗？

【设计意图：引导学生观察和分析，自主应用情境表征、算式表征和意义表征等多种方法说明等式左右两边相等的道理，充分经历探究过程，进一步认识乘法分配律的意义和基本形式。当学生面对一个数学问题，建立初步模型后，教师鼓励他们不仅仅满足于表面的解答，而是要进一步审视模型的合理性和准确性。算式的推导，有助于学生建立合理的知识联系，并提高他们的逻辑思维能力。】

4. 寻找生活中的模型。

师：生活中类似衣服、裤子一套一套搭配的物品还有很多。我们先从教室里找找，有哪些物品也是配套的？

学生估计会找到：桌子和椅子、数学书和数学簿、笔和橡皮擦……

预设：如果一张桌子80元，一把椅子50元，我们班有52人，需要买52套。

师：52套桌椅，能否像服装那样摆一摆？想象一下。我们一起画出来。

在媒体上画出：

桌子：80 80 80 80 …
}52套多少元？
椅子：50 50 50 50 …

师：也能写出这样的等式吗？动手写一写。

师：谁能结合图说一说：80×52+50×52＝（80+50）×52这一等式的左右两边相等的道理。

师：这个同学说的与你想的一样吗？大家都很了不起！

追问：左边算式是怎么算的？分类算还是搭配算？右边的算式呢？

小结：通过刚才的研究发现，解决这类问题，可以怎么算？（分类算或搭配算。）

【设计意图：为适应新的问题情境和变化需求，在模型构建阶段，寻找生活中的模型，引导学生继续说一说左右两边的算式相等的道理，学生需要创造性地选择合适的模型结构和参数设置，以更好地反映实际问题的特征。这种持续的创新活动，不仅推动了建模思维的发展，也为解决实际问题提供了更加有效的途径。】

5. 探究柜门面积的和的不同算法，说一说左右两边的算式相等的道理。

师：我们班上有一个书柜（出示图片），现在要给这个书柜装上柜门。

出示图：计算柜门的面积。（单位：分米）

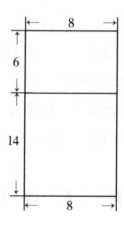

师：能写出这样的等式吗？（板书：6×8+14×8＝（6+14）×8）

师：看一看，这里有没有"分"与"配"？"分"是指什么？"配"是指什么？

学生上台讲解。

追问：听明白了吗？你们也这样认为吗？这里的（6+14）表示什么？

师：横着分类算，竖着搭配算，也能解决图形中的问题。书柜大翻身，也可以这样摆放（出示图）。

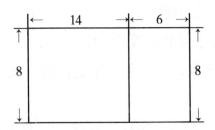

师：现在还能用这个等式表示这个书柜的面积吗？还是横着分类算，竖着搭配算吗？

小结：分类算还是搭配着算，这个方位不是固定的。

【设计意图：在科学研究中，任何模型和理论都不是绝对真理，都需要经过实践的检验和修正。巧设柜门面积的和的不同算法这一情境，借助长方形的几何模型，横着摆、竖着摆，都能说明左右两边的算式相等的道理，不断加深对乘法分配律的内涵理解。培养学生的批判性思维和验证能力，使他们能够客观、理性地评价模型和假设的合理性，及时发现并纠正其中的错误和偏差。】

6. 仿写左右相等的式子。

师：请你写一组像黑板上那样左右相等的算式。

学生写等式。

师：你说我写。请你说出"分"的算式，请你的好朋友说出"配"的算式。

师：如果要画图说明你写的这组算式左右相等的道理，想象一下，你想到的是什么图？

引导：假如就用这样的长方形表示，第一个长方形的长和宽是多少？第二个呢？

师：很棒！学数学就要勇敢地去想象。

问：还有谁愿意分享你写的算式？请你说出"配"的算式，谁来说出"分"的算式？

二、内化认识，形成模型

1. 用字母表示等式的规律。

师：如果时间足够，这样的等式继续写，会写得完吗？（板书：……）

师：你能创造一个等式，把所有像这样的等式都表示出来吗？谁敢来挑战一下？

学生可能会用 $a×c+b×c=（a+b）×c$ 表示，也有可能用 $□×○+△×○=（□+△）×○$ 表示。

2. 揭示什么是乘法分配律。

师：这些等式中，藏着一个非常重要的运算律，谁能给这条规律起个名字？

师：了不起，和数学家起的名字一样。这条规律完整地说是乘法对加法的分配律，简称乘法分配律。（板书课题：乘法分配律）

师：什么是乘法分配律呢？看看书上是怎样写的，一起读一读。

师："两个数的和与一个数相乘"，字母表示的是哪一个式子？"这两个数分别与这个数相乘，再相加"，字母表示的是哪一个式子？

追问：比较一下，文字表述的乘法分配律和字母表示的乘法分配律，你更喜欢哪一个？为什么？

师：数学就是这么神奇，一长串的文字，用一个式子就能清楚地表达出来。

【设计意图】：组织、引导学生对写出的等式进行再观察、再比较，用自己喜欢的符号表示出其中的规律，进一步深化对乘法分配律的理解。

学生经历用字母表示乘法分配律的过程，感悟模型思想及数学符号的简洁，培养符号意识。通过抽象概括将复杂问题中的非本质细节剥离，只留下最关键、最核心的要素，用简洁的数学语言、符号或图形表示，这是建模思维一种有效的解决方案。】

四、联系旧知，深化理解

1．师：在过去的学习中，你可曾见过乘法分配律？

出示图：

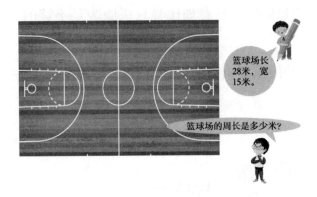

$$28×2+15×2＝（28+15）×2$$

2．师：找到乘法分配律了吗？看看这两种算法，原先是怎么算的？后来呢？

出示：计算 28×12。

$$
\begin{array}{r}
2\ 8 \\
\times\ 1\ 2 \\
\hline
5\ 6 \\
2\ 8 \\
\hline
3\ 3\ 6
\end{array}
$$

→2×28的积 $28×（10+2）$

→10×28的积 $28×2+28×10$

师：看看竖式，原先是搭配算，后来分类算，实质就是利用乘法分配律把12个28分成2个28和10个28。

【设计意图：为了让学生更好地体验乘法分配律建模的实用价值，教师引导学生回顾长方形周长的计算过程与两位数乘两位数的计算过程，帮助学生从不同角度丰富已有的认识，更加深刻地认识到数学建模的实

用性和趣味性，并激发他们的学习兴趣和动力。】

四、练习巩固，总结延伸

1. 巧填算式。（在□里填数，在○里填运算符号）

（1）$25 \times (4+40) = 25 \times □ + 25 \times □$

（2）$56 \times □ + 44 \times □ = (□ ○ □) ○ □$

（3）$63 \times 15 + □ \times □ = (□ + □) \times □$

2. 总结：回顾这节课，你有什么收获？给你印象最深的是什么？

3. 追问：还想研究吗？参加比赛只买服装是不够的。你觉得老师还要买什么？

师：比赛鞋子很重要（出示图），一共要多少元？左边算式怎么补充，右边算式呢？

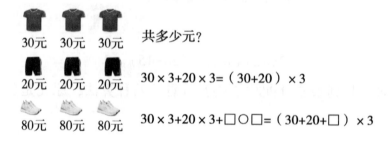

30元 30元 30元　共多少元?

20元 20元 20元　$30 \times 3 + 20 \times 3 = (30+20) \times 3$

80元 80元 80元　$30 \times 3 + 20 \times 3 + □ ○ □ = (30+20+□) \times 3$

再出示图：

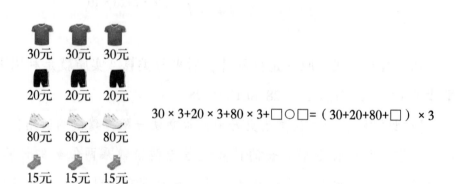

30元 30元 30元

20元 20元 20元

80元 80元 80元　$30 \times 3 + 20 \times 3 + 80 \times 3 + □ ○ □ = (30+20+80+□) \times 3$

15元 15元 15元

师：谁来把等式补充完整？

追问：有什么发现？

预估学生均会发现：左边都是分类算，右边都是搭配算。

师：是的，解决这类问题，既可以分类算，也可以搭配算。

追问：还有什么发现吗？（括号里的数越来越多了。）

小结：乘法分配律中"两个数的和"换成"三个数的和""四个数的和"……更多的数，乘法分配律也是成立的。

4. 师：如果问题变成购买衣服比裤子多多少元？你能写出等式吗？乘法对减法是否也有分配律？这个问题留给大家课后研究。

【设计意图：应用模型是数学建模的最终目的和检验模型实用性的重要环节。教师在巩固和内化规律后，引导学生把乘法分配律拓展到"多个数的和与一个数相乘"的探索，并思考乘法是否对减法也有分配律，鼓励学生继续探索。本环节是对学生知识建模的检验，也是对学生学习能力的再提升。运用知识的正向迁移，对规律加以延伸和拓展，引发学生深度思考，培养学生分析问题和解决问题的能力与创造力。学生在迁移中通过类比思维、迁移思维、重组和发散思维来建构新的解决问题的模型，促进思维的发展。】

教学反思：

数学学习，需要把握知识的"本质"，触及知识的"内核"，才能有效促进学生进行深度学习，所以在本节课的教学中教师力求体现"探寻本质，建构模型"。

一、做到形神兼备，多维度理解模型

建模思维在小学数学教学中扮演着至关重要的角色，其核心在于引导学生将复杂的数学问题抽象化、简化为直观的数学模型，如利用图形表示数量关系、构建算式模型解决应用题等。这一过程不仅能加深学生对数学概念的理解，还极大地锻炼了他们的逻辑思维和抽象思维能力。

在本节课中，不仅关注乘法分配律的外在"形"，让学生在横的方向发现等式左右两边算式的异同点，在竖的方向发现这些等式的规律。教师更重视乘法分配律的意义的理解和建构：充分借助问题情境，如"购买3套服装需要多少元""购买全班的课桌椅需要多少元""计算柜门的面积"等，让学生从生活原型中找到支点，多维度帮助学生建立乘法分配律的模型，即解决这类问题，既可以是"分类算"也可以"搭配算"。从而引导学生关注乘法分配律的"神"，使新知的建构自然而有温度。

二、关注数学表征，实现意义建构

数学建模是一种思维方式的体现，要求建模者具备抽象思维、逻辑思维、创新思维和批判性思维等多种思维能力。在教学中，教师从生活情境入手，引导学生经历计算结果、情境表征、意义表征、算式表征、几何表征、符号表征的探究过程，通过不同形式的数学表征，对乘法分配律展开立体多维式探究。丰富的学习材料，不同的数学表征方法，成功地建构了乘法分配律的意义模型，促进了学生对乘法分配律的理解。学生在构建数学模型的过程中，极大锻炼了逻辑思维和抽象思维能力。

三、巧用数形结合，渗透数学基本思想

在小学数学教学中，数学模型往往以直观、易懂的形式呈现。在乘法分配律的教学中巧用"数形结合"，从几何直观角度为学生从本质上理解乘法分配律提供清晰形象的模型支撑。本节课结合题目，画出简易图形，让学生圈一圈、画一画或者移一移，如衣服裤子的情境图、桌椅搭配的情境图、柜门两个长方形的情境图等，帮助学生从"形"的角度刻画"数量关系"。如，从图中学生可以直观看出"3件衣服的价钱+3条裤子的价钱＝3套衣服的价钱"这一数量关系，为理解乘法分配律中的"分"与"配"关系，提供有力的支撑。又如，把衣服裤子图抽象成数字图，以"形"助"数"，让学生直观看出3个30+3个20＝3个（30+20），从乘法意义的角度帮助学生建模。借助几何直观，将抽象的数学知识可视化，学生对乘法分配律的理解和记忆更加形象、深刻，同时也初步感受数形结合思想和模型思想。这些活动都有助于激发学生的创造力和想象力，并培养他们的创新思维能力。

在课堂中，教师尽量做到给足学生思考和探究的空间，让学生充分说理、表达，每一个等式的出示，都让学生讲道理，学生在交流中碰撞思想，激发灵感，有效经历知识形成的过程，培养模型思维。

第七章 "育贤思堂" 之阅读思维培养

小学数学领域的阅读，是获取数学知识的重要途径，其背后的阅读思维复杂而深刻。它不仅关乎对数学符号、公式的解码与理解，还涉及对知识点的整合，如将加减乘除运算与实际问题相结合。阅读思维鼓励学生评价不同解题方法的优劣，培养创新思维，如探索多种解法解决同一问题，从而在数学世界中更加灵活地探索与前行。

第 1 节 阅读思维的内涵解析

"育贤思堂" 中的阅读思维至关重要。学生在理解数学材料时，需运用全部知识和心智进行感知、理解和评价，体现了思维的广度、深度、批判性、逻辑性与灵活性。学生需将抽象概念与具体情境结合，构建知识网络，并系统记忆。同时，他们需批判性地审视解题方法，确保逻辑严密，并选择最优策略。此外，思维的广度要求学生能跨学科联系，而深度则强调对数学本质的深入理解。最终，灵活性使学生能够灵活应用知识，展现数学素养和创新能力。这些思维品质共同影响学生的阅读质量和数学学习效率。

阅读思维是阅读能力与数学思维结合的桥梁。阅读数学材料时，学生不仅要接收文字信息，更要与数学概念、公式进行深度对话。阅读思维促使学生主动思考，理解数学问题的本质和解题步骤，形成对数学知识体系的整体把握。此外，它还要求学生具备对数学问题进行深入分析、逻辑推理的能力，如通过图表解读数据趋势，运用公式推导结论。学生还需培养对解题策略的价值和适用性的判断能力，从而在数学学习中更加高效、准确地解决问题。

阅读思维在小学数学学习中，不仅仅是读懂题目、理解题意的过程，更是运用逻辑思维、分析能力和数学概念解决问题的过程。如，在阅读应用题时，学生需要识别并理解题目中的数学信息（如数量、关系、单位等），然后运用加、减、乘、除等基本运算，以及更复杂的数学概念（如分数、比例、几何图形等）来构建数学模型，最终解决问题。这一过程充分展现了阅读思维在数学领域的运用。在阅读数学故事或科普文章时，学生不仅要理解文字描述，还要将其中蕴含的数学原理与现实生活或已学知识相联系，进行类比、推理和验证。这种跨领域的阅读思维训练，有助于培养学生的综合素养和跨学科学习能力。

综上，小学数学阅读思维可以定义如下：在小学数学学习过程中，阅读思维指学生运用已有知识和心智能力，对数学材料进行感知、理解、评价、整合与创新的思维过程。它要求学生将抽象数学概念与具体情境相结合，通过深度对话构建数学知识网络，并具备对数学问题进行深入分析、逻辑推理、批判性审视及灵活应用知识的能力。阅读思维不仅关注文字信息的解码，更强调与数学概念、公式的互动，以及运用逻辑思维和数学原理解决实际问题，从而提升数学学习的质量和效率。

第 2 节 阅读思维的主要特点

阅读不仅是文字与符号的解码过程，更是思维激活与深化的桥梁。阅读要求我们具备批判性审视信息的能力，同时激发联想与想象，将新知识与既有认知体系相融合，形成独特见解与深刻洞察。小学数学教学中的阅读思维具备其自身特点。

一、层次性

阅读思维的层次性在小学数学教学中展现得淋漓尽致，它伴随着学生从基础到进阶，再到创新的学习过程。

在初级阶段，认知性阅读占据主导地位，学生主要聚焦于题目的字面意义和直接给出的条件，如简单的加减法题目，学生只需快速识别数字与运算符号，直接进行计算，这是理解题目、解答问题的基石。随着学习的深入，理解性阅读变得愈发重要。面对稍复杂的数学问题，如应用题，学生需要深入挖掘题目背后的深层含义，理解问题的实际背景，进而将文字信息转化为数学语言，如通过画图、列式等方式，逐步解析题目中的逻辑关系，把握作者的意图，即解决问题的真正需求。

评价性阅读在小学数学教学中同样不可或缺，它要求学生能够对解题思路、答案的正确性乃至题目的设计进行批判性思考。如，在完成一道题目后，学生应反思解题过程是否合理，答案是否符合题意，甚至评估题目设计的难易度与考查点，这种能力对于培养学生的批判性思维和自主学习能力至关重要。

创造性阅读则体现在学生能够将所学知识融会贯通，用于解决新情境下的实际问题，进行创造性的想象与推理。在数学建模、解决实际生活问题等环节中，学生需要在理解题目的基础上，创造性地运用所学知识，构建数学模型，提出独特的解决方案，这一过程不仅考验学生的知识应用能力，更激发他们的创新思维和解决问题的能力。

二、主动性

阅读思维，作为一种深度且高度主动的心理活动，是读者与文本之间一场生动而复杂的对话过程。在这个过程中，读者并非被动地接受文字堆砌的信息，而是充分调动自身已有的知识储备、生活经验乃至情感认知，对文本进行多层次、多角度的解读与重构。他们像侦探一样，在字里行间寻找线索，通过逻辑推理、联想想象等思维方式，逐步构建起对文本独特而深刻的理解与见解。

在数学学习中，这种阅读思维的主动性尤为关键。学生面对数学题目时，首先要主动地从题目描述中提炼出关键信息，如同在迷雾中找寻指引方向的灯塔。随后，他们需运用数学直觉和逻辑分析能力，识别并梳理隐藏在题目背后的数学关系，这一过程如同解开一道道精心设计的谜题。选择合适的数学工具和方法，如代数方程、几何图形或统计图表等，则是对学生综合运用知识能力的考验。

尤为重要的是，当遇到难题或错误答案时，学生不应止步不前，而应主动反思解题过程，分析错误原因，勇于修正并尝试新的解题思路。这种面对错误的积极态度，正是阅读思维中批判性思维的体现，它促使学生不断突破自我，实现知识与能力的双重飞跃。因此，培养学生在数学学习中的阅读思维，不仅是提升解题能力的关键，更是促进其全面发展，形成独立思考和创新能力的重要途径。

三、批判性

批判性思维作为阅读思维的核心要素之一，在小学数学中扮演着至关重要的角色。它鼓励学生不仅要接受知识，更要学会质疑、分析和评估所学内容，从而促进学生从被动接受转为主动探索。在数学课堂上，这种思维方式尤为宝贵，因为它能够帮助学生加深对数学概念、法则及解题策略的理解，培养灵活运用知识的能力。

以《分数的意义》教学为例，教师巧妙地融入批判性思维训练，不仅传授了分数的基本概念与表示方法，更重要的是，通过引导学生对不同分数的表示法进行批判性审视，激发了他们的求知欲和探索欲。在这个过程中，教师鼓励学生思考："为什么在某些情境下，我们更倾向于使用分数而非小数来表达数值？"通过小组讨论、案例分析等形式，学生学会了从多个角度审视问题，对比分析不同分数之间的内在联系与差异，进而质疑并评估信息的合理性与有效性。

这样的教学活动不仅加深了学生对分数本质的理解，更重要的是培养了学生的独立思考能力、逻辑推理能力和准确判断能力。学生学会了如何在复杂多变的数学问题中抽丝剥茧，找到问题的关键所在，并运用所学知识进行创造性的解决。这种批判性思维的培养，将为学生未来的学习与生活奠定坚实的基础。

四、综合性

阅读思维是一种综合性的心理过程，它涉及多种思维方式的综合运用。在阅读过程中，读者需要运用分析性思维对文本进行分解和比较，运用综合性思维将文本的各个部分联合起来进行整体考查，还需要运用抽象和概括等高级思维方式来提炼文本的核心思想和一般规律。这一过程不仅是对文本信息的简单接收，更是对知识体系的深度构建与理解。

在《几何图形的认识》这一教学单元中，阅读思维的综合性特点得到了淋漓尽致的展现。学生首先运用分析性思维，如同侦探般细致入微地分解每一个几何图形的特征，观察它们的边、角、形状等细节，并通过对比不同图形之间的异同点，初步建立对几何图形的初步印象。这一步骤培养了学生的细致观察力和分析能力，为后续学习打下了坚实的基础。紧接着，学生通过综合性思维，将分解得到的图形特征重新组合起来，形成对图形整体结构的认知。他们开始意识到，一个几何图形不仅仅是边和角的简单堆砌，而是由这些元素相互关联、相互制约所构成的有机整体。这一过程促进了学生的整体观念形成，使他们对几何图形的理解更加全面和深入。最后，学生们运用抽象与概括能力，提炼出几何图形的共性特征，如"四边形有四条边和四个角"。这一步骤是阅读思维的高级阶段，它要求学生能够摆脱具体形象的束缚，把握事物的本质属性和一般规律。通过这一过程，学生不仅深化了对几何图形的认识，更重要的是，他们的综合思维与抽象概括能力得到了显著的提升，为后续的数学学习乃至其他领域的学习奠定了坚实的基础。

第3节　阅读思维的培养价值

培养阅读思维，其深远而广泛的价值不容忽视。它不仅是个人成长道路上的重要基石，助力个体在知识的海洋中遨游，深化理解，拓宽视野，形成独立思考与批判性思考的能力，为终身学习奠定坚实基础。阅读思维也是社会文化传承与创新的关键驱动力。通过深入阅读，人们能够跨越时空界限，汲取历史智慧，理解多元文化，促进不同思想观念的交流与融合，从而丰富社会文化的内涵，激发新的创意与灵感，推动社会文化的持续繁荣与发展。因此，培养阅读思维，对于个人成长与社会进步而言，都是一项极具意义的事情。

一、增强学习兴趣

在小学数学课堂上，巧妙地融入有趣的数学故事与科普文章，如"数学家的趣味发明"系列，讲述阿基米德如何利用几何原理设计战争机械，或是"生活中的数学奥秘"，揭示购物找零、建筑设计背后隐藏的数学原理，能够瞬间激发学生的好奇心与求知欲。这些故事以生动形象的叙述方式，将复杂的数学概念融入趣味的情节中，不仅让数学知识变得触手可及，更让学生在轻松愉悦的氛围中，沉浸于数学的奇妙世界。通过阅读这些故事，学生不仅能够拓宽视野，了解数学在现实生活及科学进步中的广泛应用，还能深刻体会到数学的魅力。它如同一把钥匙，为学生打开通往数学王国的大门，激发他们内心深处对未知探索的渴望。这种由内而发的兴趣和动力，促使学生更加主动地参与到数学学习中，他们敢提出问题、积极思考、勇于探索，从而在数学的广阔天地里，不断发现新的惊喜，成就自我，探索数学的无限可能。

二、提升数学素养

培养阅读思维不仅是学生掌握知识的桥梁，更是启迪智慧、激发潜能的钥匙。以《分数加减法》这一章节为例，教师引导学生深入阅读分数运算的经典例题，不仅是为了让学生掌握具体的运算步骤，更重要的是通过这些例题，让学生能够窥见数学概念的深层含义——分数单位的意义。在这一阅读与思考的过程中，学生不再是机械地记忆公式，而是主动探索分数单位如何作为构成分数的基本元素，在加减法运算中如何相互作用、相互转化。这种理解，如同打开了一扇窗，让他们看到了数学世界的精妙结构与内在联系。学生在反复阅读、深入思考后，逐渐构建起自己的数学知识体系，对数学概念的理解从表面走向深入，对数学方法的掌握从生疏变得熟练。当面对复杂多变的数学问题时，学生能够迅速调动这些内化的知识与方法，灵活运用，游刃有余。学生的数学素养在这一过程中得到了显著提升，解题能力也随之水涨船高。更重要的是，这种阅读思维的培养，为学生未来在更广阔的数学领域乃至其他学科的探索奠定了坚实的基础。

三、促进全面发展

阅读思维的培养绝非仅限于数学领域的深耕细作，它更像是一把开启多元智能与全面发展的金钥匙。当教师引领学生踏入融数学与科学于一体的世界时，一场跨越学科边界的探索之旅便悄然启程。学生不仅在数学原理的海洋中遨游，深化对分数、几何、比例等核心概念的理解，更在字里行间窥见宇宙的浩瀚与科学的奥秘，科学视野得到极大地拓宽。这一跨学科的学习体验，如同在学生心中播下了创新与融合的种子，促使他们学会从不同角度审视问题，运用多学科知识解决复杂挑战，从而培养宝贵的跨学科学习能力。更为重要的是，在阅读与思考的旅途中，学生不断被鼓励去质疑、去探索、去创新，这种对未知世界的好奇与勇气,正是批判性思维与创新思维萌芽的沃土。它们相互交织,共同构筑了学生全面发展的基石,让他们未来的学习与成长之路更加宽广而光明。

四、增强学习能力

具备良好阅读思维的学生,在学习中能够显著提升学习效率。他们能够以更加敏锐的洞察力快速理解课程内容,准确捕捉教师讲授的精髓与学习重点,从而在短时间内构建起扎实的知识框架。这种高效的信息处理能力,让学生能够避免无效学习的困扰,集中精力攻克难点,实现学习成果的最大化。阅读思维的培养还是跨学科学习与综合素质提升的催化剂。在浩瀚的知识海洋中,各学科并非孤立存在,而是相互交织、相互影响。具备良好的阅读思维,学生便能够跨越学科的界限,更好地理解和应用不同领域的知识,形成综合分析的能力。这种跨学科的学习模式,不仅拓宽了学生的视野,也锻炼了他们的思维灵活性和解决问题的能力,为未来的学术研究与职业生涯奠定坚实的基础。此外,良好的阅读思维还是提升写作能力的强大助力。通过阅读,学生能够接触到丰富多样的素材和观点,这些素材不仅为写作提供宝贵的资源,也启发学生的创造性思维。在阅读的过程中,学生学会如何构建逻辑严谨、条理清晰的论述,如何将复杂的思想转化为生动有力的文字。这种从阅读到写作的转化过程,不仅提升了学生的写作技巧,也增强了他们的表达能力和说服力。

在小学数学教学中,阅读思维的培养具有举足轻重的地位。通过结合数学学科的特点和小学生的认知规律,教师可以设计出更加有效的教学策略和方法来培养学生的阅读思维能力。这不仅有助于提高学生的数学成绩和素养,还能为他们的未来学习和全面发展奠定坚实的基础。在未来的"育贤思堂"中,教师应该更加注重阅读思维的培养,让学生在阅读中成长,在思考中进步。

第 4 节 阅读思维的培养策略

在小学数学教学中，培养阅读思维尤为重要。它不仅关乎学生对数字、图形的直观理解，更在于引导学生深入探索数学背后的逻辑与规律。通过阅读数学题目、解析数学故事，学生学会如何捕捉关键信息，如何运用逻辑思维进行推理分析，从而解决复杂问题。这一过程，正是阅读思维在数学教学中的生动体现。它鼓励学生跳出公式与习题的框架，以更加主动、批判性的态度去探索数学的奥秘，激发他们对数学的兴趣与热爱。因此，在"育贤思堂"中，教师应将培养阅读思维作为核心任务之一，让学生在掌握基础知识的同时，也学会如何思考、如何创新，为未来的学习与发展奠定坚实的基础。

一、激发阅读兴趣

小学阶段正是学生的好奇心、探索认知能力较强的时期，要有效培养学生的数学阅读能力，就要紧扣学生的兴趣点，让学生积极投入阅读中。因此，教师要营造合理化的教学情境，加强课堂中的参与交流，引导学生聚焦阅读材料中的问题，在交流中发散学生的思维，让学生从"倾听者"转变为"思考者"，激发数学阅读潜能，提升数学阅读理解分析能力。例如，在教授《100 以内的加法和减法》中的"不进位加"时，重点在于让学生体会加法的意义，理解相同数位上的数才能相加的道理。阅读前，教师利用多媒体出示阅读材料中学生准备参观博物馆的主题图，引导学生仔细阅读观察图中隐藏的数学信息，以小组形式进行交流，发现问题，激发学习兴趣。接着，教师继续提出阅读要求：哪两个班可以合乘一辆车？让学生进行独立思考，也以小组交流方式来讨论计算方法，并尝试写竖式，再讨论总结列竖式应注意的问题。在整个阅读交流中，教师鼓励学生能主动倾听并阅读他人的解题思路，引导学生产生不同的阅读想法与分析角度，进一步启发学生的阅读思维。

二、培养阅读技巧

小学生数学阅读能力的提升立足于兴趣思考性"阅读"，相关阅读方法和技巧的指导是极其重要的。数学阅读能力从表面上看是基于一定理解、思考后，能够对数学习题进行快速解答。面对复杂的阅读材料，学生如何有效地获取关键信息，分析、解决问题，就需要一定的阅读技巧和方法。因此，教师要引导学生养成认真审题的习惯，让学生集中注意力，画出关键词，理清题意，再指导学生去思考，逐步促进学生阅读理解能力的提升。例如，教授"角的度量"时，教师让学生认识量角器、角的常用单位"度"和度的符号"°"，并掌握用量角器量角的步骤和方法。学生学会测量角的步骤和方法后，教师可以让学生完成练习：观察下面两个角，哪个角的边画得长一些？猜想一下哪个角大一些？首先，教师要引导学生带着思考阅读题目内容，鼓励学生用数学的方式理一理，画出这两个问题的重点，即边长、角大两个关键信息。然后，进一步引导学生去质疑：边长是否与角的大小有关系？通过动手测量验证，学生发现角的大小与角两边的长短其实是没有关系的，角的大小与角的两条边张开的大小有关，张开越大，角越大。在这样的数学阅读过程中，学生需要借助自身的知识经验，用批判性思维去主动建构新信息。

三、强化思维训练

强化思维训练是提升学生学习能力的关键。教师可以设计一系列具有挑战性的数学问题，如"如何用最少的步骤计算复杂算式""利用图形变换解决面积问题"，这些问题不仅考查学生的基础知识，更引导他们进行深入分析、逻辑推理和批判性思考。通过小组合作或个别指导，鼓励学生尝试不同的解题策略，如画图辅助、公式推导或逆向思维等，并让他们比较各种策略的优劣，从而培养思维的灵活性和创造性。这样的训练不仅有助于学生在面对难题时能够迅速找到解决途径，还能激发他们的数学兴趣和探索精神。

四、创设有效情境

为了让学生更好地理解和应用抽象的数学概念，教师需要巧妙地创设贴近学生生活实际的有效情境。以教授"分数"为例，教师可以设计一个"分蛋糕"的实践活动情境：学生扮演家庭成员，面对一块需要平均分配给每个成员的蛋糕，他们要思考如何切分才能使每个人都得到相同大小的份额。在这个过程中，学生自然而然地接触到分数的概念，如"一半"就是1/2，"四分之一"就是1/4等。通过动手操作和亲身体验，学生不仅理解了分数的意义，还学会了如何在实际生活中运用分数来解决问题，从而深刻体会到数学的魅力和价值。

五、鼓励学科融合

鼓励学生进行跨学科阅读，是提升学生综合素养的重要途径。例如，在教授"数据与统计"时，教师可以引导学生结合科学课的实验数据，进行统计分析和图表制作，让他们理解数学在科学探究中的重要作用。同时，也可以结合艺术课程，让学生运用数学知识（如比例、对称等）来设计图案或布置展览，感受数学与艺术之美的交融。此外，通过历史故事的引入，如古代数学家的成就和贡献，可以让学生认识到数学在人类文明发展中的悠久历史和深远影响。这样的跨学科融合，不仅拓宽了学生的知识视野，也让他们更全面地理解数学的本质和应用价值，促进综合素养的全面提升。

六、加强师生互动

在小学数学阅读思维的培养过程中，师生互动是不可或缺的一环。教师应积极发挥引导作用，通过精心设计的问题激发学生的思考兴趣，引导他们进行深入探讨。例如，在教授"平面图形面积计算"时，教师可以先展示一个不规则的图形，然后提问："你能想出几种方法计算这个图形的面积吗？"随后，组织学生进行小组讨论，鼓励他们合作探索不同的解决方案。在讨论过程中，教师应细心观察学生的学习进展，及时捕捉他们的困惑点，并适时给予启发和指导。这样的师生互动不仅能够激发学生的思维火花，促进他们的深度学习和思考，还能够让学生感受到教师的关怀和支持，从而更加积极地参与到数学学习中。

七、注重反思总结

在小学数学教学过程中，培养学生的反思总结能力是至关重要的。每当完成一次阅读任务或解题练习后，教师应引导学生进行深入的反思和总结。例如，在完成一道关于"路程、速度和时间"的应用题后，教师可以让学生回顾解题过程，思考是否还有更简洁的解题方法，或者哪些步骤可以进一步优化。同时，鼓励学生提炼解题思路和策略，形成自己的笔记或思维导图，构建清晰的数学思维体系。通过持续的反思和总结，学生能够更加清晰地认识到自己的不足之处，从而有针对性地进行改进和提升，为未来的数学学习打下坚实的基础。

综上所述，小学数学阅读思维的培养需要多方面的努力和支持。通过激发学生的阅读兴趣、培养阅读习惯、强化思维训练、结合具体情境、促进跨学科融合、加强师生互动以及注重反思与总结等策略，可以有效地提升学生的数学阅读思维能力，为他们的全面发展奠定坚实的基础。

第5节 《平移、旋转和轴对称练习课》教学案例分析

小学数学阅读思维是指在小学数学学习过程中，通过阅读数学文本（如教材、习题、数学故事等）来理解数学概念、解决数学问题的一种思维方式。这种思维方式在练习课中尤为重要，练习课是一个分析归

纳——抽象总结——再创造的过程，而这个过程处处能培养学生的阅读思维能力。

因此本节课中，教师通过跨学科融合学习的方式，培养学生的阅读思维能力，提高学生的核心素养。

教学目标：

1. 通过阅读材料、观察操作等活动使学生进一步认识平移、旋转和轴对称图形，能在方格纸上按水平或垂直方向把简单图形平移，或旋转90°；能在方格纸上补全简单的轴对称图形，或画出轴对称图形的所有对称轴；能运用平移、旋转和轴对称在方格纸上设计简单的图案。

2. 使学生进一步体会图形的变换，感受平移、旋转和轴对称图形的相应特点，提高图形变换的操作技能；通过图案设计、图形还原等活动，培养初步的空间想象能力和创新意识，培养数学阅读思维能力，包括提取关键信息、分析问题、推理判断等。

3. 使学生主动参与数学活动，积极操作、画图，培养乐于思考和与他人交流的学习习惯；在图形的变换中获得美感，提高学习数学的兴趣和积极性。

教学重点、难点：

在方格纸上把简单图形平移、旋转，以及画对称轴。
运用平移、旋转和轴对称设计图案，把图形还原。

教学准备：

希沃白板课件、学生作业纸。

课前预习：

课前阅读已学过的平移、旋转和轴对称这三节课的教材，并将它们的特征画成思维导图。如果还有疑问的可以标注出来。

【设计意图：通过再次阅读教材让所学的知识在脑海中形成印象，画思维导图更是加深印象，为后续的深入学习做好准备。在阅读过程中，遇到不理解的可以用铅笔标记出来，这些疑问将是课堂学习的重点关注对象，有助于提高听课的针对性。】

教学过程：

一、创设情境，唤起经验

1. 感受春天美。

师：春天是一个万物复苏、美丽的季节。老师拍了一个小视频请大家欣赏。看着这么美丽的景色，老师忍不住诗兴大发，写了一首小诗，请大家品读。

春天静悄悄地来了，小鱼苏醒啦，在水中欢快地游来游去。

春天静悄悄地来了，蝴蝶展开了翅膀，在花丛中翩翩起舞。

春天静悄悄地来了，风车欢快地在蓝天下，悠闲地转着。

春天静悄悄地来了，风筝欢乐地飞上蓝天，给天空增添了一道道亮丽的风景。

2. 在诗句中寻找数学元素。

师：我是数学老师，我的诗中可藏着数学元素哦，谁能把它找出来？

学生在诗歌中找到了平移、旋转和轴对称这些数学元素。

师：同学们真了不起，能用数学的眼光去看生活（板书课题）。今天我们就继续来研究它们。

【设计意图：教师不直接让学生从生活中的图片寻找数学元素，而要让学生从诗歌中寻找，因为图片是具体直观的而诗歌是抽象的，学生通过阅读将文字在脑海中进行想象，才能和具体的事物进行对接，进而找到数学元素。学生不仅要接收诗歌的信息，更要把学过的这三种运动方式进行深度对比，才能准确判断是哪种运动方式。在这样的过程中，学

生的阅读思维能力和抽象能力都得到了提高。】

二、结合实例，回顾旧知

1. 自主回忆旧知。

师：大家结合屏幕中的平移、旋转、轴对称图形，回忆一下它们都有哪些要素？把你想到的和同桌说一说。

2. 全班交流分享。

师：你想先说哪一个？（小鱼向右平移了13格）你是如何看出13格的？（找对应点或对应边）也就是说平移要关注哪两个要素？对于平移你还有什么补充的？

3. 师：谁来说说旋转？（中心点、方向、角度）结合图具体说一说，方向包括什么？

4. 师：轴对称图形呢？（对折之后完全重合）老师有一个不完整的五角星，你能利用轴对称的知识画出它的另一半吗？（预设1：找到对应的点，再将点连成线。预设2：直接根据对应的线，一条一条画出另一半。）你是如何找到这个点的？这条线为什么要这么画？

师：不管是用找点的方法还是用找线的方法，所画出的另一半都要和原来的图形完全一样。

【设计意图：阅读屏幕上的材料，通过分析，学生勾起对知识的回忆。学生在说数学中复习了有关平移、旋转和轴对称的知识点。】

三、图案设计，巩固应用

1. 欣赏图案。

师：荷兰有位艺术家埃舍尔，他也很喜欢我们这些数学元素，他设计出来的作品还得到了数学家的赞赏。下面我们就来欣赏一下。

依次出示用旋转原理设计的画作、用平移原理设计的画作、同时用平移和旋转设计的画作。

【设计意图：通过对埃舍尔精美画作的阅读欣赏，让数学知识在生活中变得触手可及，更让学生在轻松愉悦的氛围中，不自觉地沉浸于数学的奇妙世界。埃舍尔创作的精美画作让学生在艺术熏陶下激发了创作欲望和学习兴趣。学生不仅能够拓宽视野，了解数学在现实生活及科学进步中的广泛应用，还能深刻体会到数学的魅力。】

2. 初步创作，激发欲望。

师：指着最后一幅图，这幅图可厉害了，它既有旋转、平移，还有轴对称。老师悄悄告诉你们，这幅图其实只用了一个菱形创作出来的，你们会吗？

（1）你能将菱形绕 A 点顺时针旋转 90°，再将菱形绕 A 点逆时针旋转 90°吗？这是个轴对称图形吗？请画出它的对称轴。（展示学生作业）

（2）你能将旋转后的图形向右平移 8 格吗？现在它还是一个轴对称图形吗？对称轴在哪？（白板操作）

师：现在我们已经完成了这幅图最基本的创作，同学们想一想，接着只要怎么做就可以了？

3. 再次创作，比较提升。

（1）三角形旋转的比较。

师：刚刚我们用菱形创作出一幅美丽的图案，现在我们用三角形，让它绕 A 点顺时针旋转 90°，连续旋转三次，看看又会出现什么美丽的图案。

（学生操作，展示）

师：先出示一幅作品，和老师画的作品一样的同学，请挥挥手。咦，有好多同学不一样。再看这一幅作品，和老师画的作品一样的同学，请挥挥手。奇怪，同一个三角形，你们怎么画出了两种不一样的图案啊？（它绕的中心点的位置不同）看来旋转的三要素缺一不可，只要有细微的差别，画出的就是截然不同的图案。

（2）圆对称轴的比较。

师：数学中还有一个很美丽的图形，它有无数条对称轴，猜猜它是什么？（圆）

师：一个圆有无数条对称轴，那两个圆呢？（两个圆并排、竖排）三个圆呢？四个圆呢？怎么摆可以让它也有无数条对称轴？（学生操作，把小圆放中间）老师把小圆在大圆中这么随便一放行吗？（不行，要放在大圆的最中间）对，这么放，两个圆的圆心就重合了，这样的圆在数学中称为同心圆。

【设计意图：引导学生从阅读的初级阶段到评价性阅读再到创造性阅读。在数学建模、解决实际生活问题等环节中，学生需要在理解题目的基础上，创造性地运用所学知识，构建数学模型，提出独特的解决方案，这一过程不仅考验了学生的知识应用能力，更培养了他们的创新思维和解决问题的能力。】

四、回归生活，综合运用

师：我们刚刚通过旋转、平移、轴对称设计了很多美丽的图案，数学元素很神奇吧？

1. 拼"鼎"字。

师：小明他也运用旋转、平移、轴对称设计了一个图案，看看是什么？（出示"鼎"字）知道这个"鼎"字是用什么拼的吗？（白茶的茶叶）风一吹，茶叶被吹散了，你们能利用平移、旋转将它拼回去吗？四人一个小组说一说。

各小组派代表到白板上进行操作。

2. 师：大家利用平移、旋转的知识终于把这个"鼎"字又拼回来了，你们真是心灵手巧。

3. 师：这节课大家就像设计大师，不但设计出了美丽的图案，还用白茶拼出了"鼎"字。最后你们能再次发挥想象力，利用平移、旋转、轴对称为福鼎白茶设计一个美丽而有创意的宣传画吗？

学生展示宣传画，并表达自己是如何运用平移、旋转、轴对称设计的。同学之间相互评价。

【设计意图：教师设计了两个分层次的综合运用。第一个综合运用是让学生在观察中思考如何利用今天的知识拼图案。既激发了学生的阅读兴趣又锻炼了学生的阅读思维能力。学生需要通过阅读，综合运用图形运动的特点才能将"鼎"字拼回去。

第二个综合运用是让学生在操作中思考如何利用今天的知识为家乡的特产设计美丽的宣传画，学生有很强的创作欲望，希望自己能设计出好的作品。在评价同学的作品时，学生的阅读思维得到提高。】

五、总结交流，体会收获

师：这节课我们在春天中寻找数学元素，像设计大师一样利用数学元素设计作品，相信大家都有很多收获和体会，谁愿意和大家分享一下？

师：其实数学时时刻刻都在我们身边，只要我们善于用数学的眼光观察生活，就能不断提高自己的数学素养。

【设计意图：总结可以帮助学生梳理知识体系，强化对平移、旋转和轴对称知识的理解。反思环节则让学生回顾自己的阅读思维过程，总结经验教训，不断提高数学阅读思维能力。】

六、课后延伸，拓宽阅读

师：像埃舍尔用数学元素创作画的趣味故事还有很多。大家课后可以阅读《数学故事专辑》或《趣味数学》等书籍，在其中可以发现很多有趣的数学知识。

【设计意图：选择适合学生年龄和水平的数学课外书籍阅读，拓宽数学视野，了解更多的数学知识和数学文化。】

教学反思：

在教学过程中，阅读教材、提取关键信息、进行讨论和总结等活动，不仅可以提高学生的数学阅读能力，还可以培养学生的思维能力和自主学习能力。同时，教师在教学中要注重引导和启发，让学生在阅读中发现问题、解决问题，从而提高数学学习的效果。

1. 情境创设，激发兴趣。

在课堂上，不管是诗歌情境还是美丽的画作情境都极大地吸引了学生的注意力，激发了学生的学习兴趣。他们在情境中积极主动地思考问题、提出疑问，为阅读思维的开启奠定了良好的基础。

2. 问题引导，深化思考。

精心设计不同层次的问题，从简单的对文本内容的提取到复杂的推理分析。教师运用层层的问题引导，激发学生的创作兴趣和欲望。这种问题引导模式能够循序渐进地推动学生的思维向深层次发展，培养他们分析、综合、评价等高层次的阅读思维能力。

3. 小组合作，拓宽视野。

在教学过程中安排小组合作的环节。不同的学生在阅读同一文本时往往会有不同的观点和理解，小组合作让他们能够交流、碰撞。比如在阅读分析如何将"鼎"字拼回去时，小组成员各抒己见，有的从情感角度分析，有的从逻辑角度探讨，拓宽彼此的思维视野，学会从多个角度去阅读文本。

对于今后如何培养学生的阅读思维能力，可以从以下几个方面着手：

1. 针对个体差异进行个性化指导。

在今后的教学中，要更加关注每一个学生的阅读表现。对于阅读能力较弱的学生，可以在小组讨论前给予他们一些引导性的提示，或者在课后进行单独的辅导，根据他们的思维特点设计专门的阅读训练，帮助他们逐步提高阅读思维能力。

2. 设计深度思维训练活动。

可以在课程中增加一些专门针对深度思维的训练活动。例如，在阅读完一篇数学材料后，组织学生针对文中的观点从不同的角度展开辩论，让他们在辩论的过程中不断深入思考，挖掘文本背后的意义。

3. 拓宽阅读材料的来源。

加大对不同类型阅读材料的收集和整理，除了数学故事等文学作品外，增加科普读物、新闻报道、生活实用文本等的比重。同时，可以让学生参与阅读材料的选择，根据自己的兴趣和需求，选择适合自己的阅读材料，从而更好地激发他们的阅读积极性和思维的活跃性。

总之，培养小学生阅读思维能力是一个长期而系统的工程，在教学过程中需要不断地总结经验、发现问题并及时改进，这样才能真正提高学生的阅读思维能力，为他们的学习和成长奠定坚实的基础。

第八章　"育贤思堂"之信息思维培养

在信息爆炸的时代，信息的获取、处理、分析与应用能力已成为衡量个人与社会发展水平的重要标尺。"育贤思堂"不仅承载着小学数学知识传授、技能获得的使命，还要致力于信息思维的培养，以帮助学生在浩瀚的信息海洋中乘风破浪，成为未来的引领者。

第 1 节　信息思维的内涵解析

信息思维，简而言之，指个体在面对复杂多变的信息环境时，能够运用科学的思维方式和方法，有效识别、获取、评价、整合、创造和利用信息以解决实际问题的能力。它融合了批判性思维、创新思维、系统性思维等多种思维模式，是信息时代下个体适应社会发展的关键能力。具体而言，信息思维包括以下几个方面。

一是信息意识，即对信息的敏感性和重视程度，能够主动寻求和关注有价值的信息。在小学数学教学中，信息意识体现在学生对数学问题的敏感性和对知识的渴求上。教师应鼓励学生主动寻找生活中的数学信息，如购物时的价格计算、时间管理中的时钟读数等，让学生意识到数学无处不在。同时，通过设计有趣且贴近生活的数学问题，激发学生对有价值数学信息的关注，培养他们的信息意识，使他们在学习数学的过程中更加善于从日常生活中发现数学的奥秘。

二是信息获取能力，即掌握多种信息源和检索工具，高效准确地找到所需信息。在小学数学教学中培养学生的信息获取能力，要求学生能够熟悉并运用多种信息源，如教科书、习题集、网络资源等，以及掌握基本的检索工具，如图书馆的目录检索系统或在线搜索引擎。通过有效地利用这些资源，学生可以更加高效、准确地找到解决数学问题所需的信息。例如，在解决几何问题时，引导学生利用网络资源查找相关图形的性质和定理，从而提高解题效率。

三是信息评估能力，即具备批判性思维，能够辨别信息的真伪、可靠性和适用性。在小学数学教学中，信息评估能力指能获取信息，会批判性地审视这些信息。教师应引导学生学会辨别数学题目、答案乃至网络资源的真伪，评估其可靠性和适用性。例如，在解答应用题时，鼓励学生分析题目信息的合理性，避免被误导；在查找学习资料时，指导学生评估资料来源的权威性，确保所学知识的准确性。通过这样的训练，学生的批判性思维能力将得到提升，为未来的学习和生活打下坚实的基础。

四是信息整合能力，即将来自不同渠道的信息进行有效整合，形成新的知识或见解。在小学数学教学中，信息整合能力是学生深度理解和创新应用知识的关键，要求学生能够将来自教材、课堂讲解、习题练习及课外拓展等不同渠道的数学信息进行有效整合，构建个人化的知识体系。例如，在学习"分数加减法"时，学生需要整合分数的基本概念、通分方法以及加减运算规则，通过实践练习，将这些知识点融会贯通，形成解决复杂分数问题的新见解。这一过程不仅能加深学生对数学知识的理解，还能培养他们的综合应用能力和创新思维。

五是信息应用能力，即利用信息解决实际问题，创造新的价值或改进现有方案。在小学数学教学中，信息应用能力的培养是理论与实践相结合的重要体现，要求学生能够灵活运用所学的数学知识与信息，创造性地解决生活中的实际问题，或是对现有的解决方案进行优化和改进。例如，在学习"统计与概率"后，学生可以利用图表分析家庭开支，提出节约建议；在学习"几何图形"时，通过动手制作模型，解决实际问题中的空间布局问题。这样的实践活动不仅能锻炼学生的信息应用能力，而且能激发他们的创新思维。

六是信息安全与伦理意识，即在信息处理过程中遵守法律法规，尊重他人隐私，维护信息安全。在小学数学教学中，信息安全与伦理意识的培养，即要求学生在处理数学信息时，不仅要关注知识本身，还要具备强烈的社会责任感和道德意识。教师应引导学生了解并遵守相关的信息安全法律法规，如保护个人隐私、不泄露敏感信息等。同时，通过案例分析、角色扮演等教学活动，让学生深刻认识到信息安全的重要性，学会在分享、交流数学见解时尊重他人隐私，不仅培养学生的信息安全素养，而且促进他们形成正确的价值观和道德观。

第2节　信息思维的主要特点

信息思维强调对信息的敏感性、系统性及创新性处理，不仅要求个体能够迅速捕捉并准确评估海量信息，还需具备将信息碎片整合为有价值知识体系的能力。在信息思维的引领下，我们学会用批判性的眼光审视信息，勇于提出独到见解，并能在尊重信息安全与伦理的前提下，灵活运用信息解决实际问题，而这一切的前提是准确把握信息思维的特点。在深入探讨信息思维在小学数学教学中的应用与深化时，我们需聚焦于其独特的视角与策略，以区别于一般性的思维模式。

一、动态性与时效性

随着信息技术的飞速发展，数学教育环境日益呈现出高度的动态性，新知识、新方法层出不穷，这要求教师和学生都需具备敏锐的洞察力，紧跟时代步伐，及时捕捉并融入这些新鲜元素。

对于小学生而言，动态性意味着他们的数学学习不应仅仅局限于课本上的静态知识，而应通过多样化的教学活动，如在线互动、数学游戏、项目式学习等，在实践中感受数学的魅力，体验知识更新的乐趣。教师应扮演引导者的角色，鼓励学生主动探索，勇于提出疑问，共同构建一个充满活力与创新的数学学习环境。

在信息快速流动的时代背景下，学生必须学会迅速响应，有效利用最新信息来解决问题。在数学教学中，这可以体现在引导学生关注社会热点，运用数学知识分析实际问题，如通过统计图表了解人口变化、利用比例关系计算购物优惠等。这样的教学方式不仅能激发学生的学习兴趣，还能培养他们的实践能力和社会责任感，使他们明白数学知识与现实生活紧密相连，具有极强的应用价值。

二、批判性与创新性

在信息泛滥的时代，应保持独立思考，对信息进行批判性评估，同时应鼓励创新思维，探索未知领域。面对信息泛滥的现代社会，小学生虽处于学习的初步阶段，但培养其批判性思维和创新精神至关重要。

思维，要求学生在面对数学问题时，不仅仅满足于接受答案，更要学会质疑、分析、评价。在数学课堂上，教师可以通过设计开放性问题、组织小组讨论等形式，鼓励学生从不同角度审视问题，勇于提出自己的见解。例如，在解决应用题时，引导学生思考多种解法，并对比各种方法的优缺点，培养他们的逻辑思维和判断能力。批判性思维的培养，有助于学生在未来的学习和生活中，更加独立、理性地面对复杂多变的信息世界。

创新性，激励学生跳出常规框架，勇于探索未知领域，用新颖的方法解决数学问题。教师可以通过引入数学游戏、编程教学等现代教学手段，激发学生的创造力和想象力。例如，在教授"几何图形"时，鼓励学生设计独特的图案，或利用编程软件绘制复杂的几何图形，让学生在实践中体验创新的乐趣。这样的教学活动，不仅能够提升学生的数学素养，还能激发他们的创新潜能，为未来的科技创新和社会发展培养储备人才。

三、系统性与综合性

信息思维具有系统性与综合性，强调以全局视野审视知识，促进多学科间的融合共生。在小学数学教学中，信息思维促使学生以全局观念审视数学知识体系，不再局限于单个知识点的学习，而是致力于构建知识间的网络联系。学生被激励去探索数学内部的逻辑链条，理解各个概念、公式、定理之间的内在联系，从而在脑海中编织出一张错综复杂却又井然有序的知识网。

更为深远的是，信息思维还倡导跨学科的综合学习，鼓励学生跨越数学与其他学科之间的界限，将数学视为一种工具、一种语言，去解读科学的奥秘、技术的进步乃至艺术的韵味。例如，在教授"统计知识"时，教师不再仅仅满足于教会学生如何计算平均数、绘制条形图，而是引导他们深入挖掘数据背后的故事，将冰冷的数字转化为生动的社会现象，将抽象的图表转化为贴近生活的个人体验。这样的教学方式，不仅能丰富学生的知识储备，而且能提升学生的综合素养与问题解决能力，使他们能够在复杂多变的世界中创造性地应对各种挑战。

四、实践性与应用性

信息思维强调，学习的最终目的不在于知识的简单积累，而在于能够灵活运用所学知识解决实际问题，从而在实践中检验和提升信息处理能力。在小学数学课堂上，教师应积极创设贴近学生生活的情境，将抽象的数学概念融入具体的问题解决过程中。例如，在教授"分数加减法"时，教师不再局限于书本上的例题，而是设计了一系列与日常生活紧密相关的实践活动，如让学生分组模拟购物场景，计算商品打折后的价格，或是通过测量教室尺寸来计算墙面涂料的用量。这些实践活动不仅激发学生的学习兴趣，更重要的是让学生在动手操作中深刻理解分数的意义及其在实际生活中的应用。

此外，信息思维还鼓励学生运用所学知识参与社会实践，如参与社区的人口普查、环境调查等，通过收集、整理和分析数据，为社区发展贡献自己的力量。这样的实践活动不仅能锻炼学生的数学技能，还能培养他们的社会责任感和团队合作精神。

第3节 信息思维的培养价值

信息思维对人的价值在于提升个人的认知效率与决策能力。在信息泛滥的时代，它帮助人们快速筛选、整合有价值的信息，形成系统性的知识框架。信息思维还能促进跨学科思考，增强综合应用能力，使人能灵活应对复杂问题。更重要的是，它培养了人的批判性思维和创新能力，鼓励人们独立思考，勇于探索未知，为个人成长与职业发展注入不竭动力。信息思维对学生发展的价值，体现在多个维度，深刻影响他们的学习与生活。

一、信息思维是培养全局观与系统性思考能力的基石

在信息如潮水般涌来的时代，小学数学教学不再仅仅是数字与公式的堆砌，而是成为培养学生全局观与系统性思考能力的重要阵地。信息思维的核心在于引导学生学会从浩瀚的信息海洋中抽丝剥茧，透过现象看本质，把握知识的整体框架与内在联系。

在小学数学课堂上，教师巧妙地运用信息思维的方法，引导学生将零散的数学知识点串联起来，形成系统的知识网络。例如，在教授"分数的加减法"时，教师不仅讲解具体的计算方法，更重要的是引导学生理解分数背后的意义，将其与整数、小数等概念相联系，构建起数系的整体框架。这样的教学方式，让学生在掌握具体知识的同时，也学会了

如何从整体上把握数学知识体系。

更重要的是，这种全局观与系统性思考能力的培养，能够迁移到其他学科乃至日常生活中。学生在学习其他学科时，能够运用类似的思维方法，将所学知识融会贯通，形成跨学科的综合认知。在日常生活中，他们也能更加全面地看待问题，理解事物之间的复杂联系，从而做出更加明智的决策。

因此，信息思维在"育贤思堂"中的应用，不仅是提高学生数学素养的有效途径，更是培养他们成为具有全局观与系统性思考能力的未来人才的重要手段。

二、信息思维是跨学科融合与综合应用能力的加速器

在信息思维的引领下，小学数学课堂不再局限于数字与符号的运算，而是成为一个促进学生跨学科融合与综合应用能力的创新平台。这一理念鼓励学生跳出数学框架，将数学知识作为一把钥匙，去解锁科学、技术、艺术等多个领域的奥秘。

在数学教学中融入科学元素，如通过测量与计算探索物理现象，让学生在解决实际问题的过程中理解数学与科学的紧密联系。例如，在教授"几何图形"时，教师可以引导学生设计并制作简单的机械模型，运用数学原理来解释其工作原理，这既巩固了几何知识，又培养了他们的动手能力和科学思维。技术与数学的结合为学生提供了更广阔的实践空间。通过编程软件，学生可以运用数学逻辑来设计小游戏或解决复杂问题，不仅提升他们的信息技术能力，还加深他们对数学原理的理解和应用。艺术也是与数学相辅相成的领域。通过绘制数学图形、创作数学艺术作品，学生能够将抽象的数学概念转化为直观的艺术表达，从而培养他们的审美能力和创造力。这种跨学科的融合，不仅拓宽学生的知识视野，更激发他们的学习兴趣和想象力。

信息思维在小学数学教学中的应用，为学生搭建了跨学科融合与综

合应用的桥梁，使他们在解决实际问题的过程中不断提升自己的综合素养和创新能力。

三、信息思维是强化学生实践操作能力与问题解决能力的关键路径

在信息思维的指导下，小学数学课堂不再仅仅是理论知识的传授场所，更是学生实践操作与问题解决能力锻炼的实战演练场。教师通过设计一系列贴近学生生活、富有趣味性和挑战性的实践活动，鼓励学生将所学的数学知识应用到实际情境中，实现"做中学"的深度学习模式。例如，在教授"统计与概率"时，教师可以引导学生开展一项小课题研究，如调查班级同学的课外阅读习惯。学生需要设计问卷、收集数据、整理分析，并最终形成研究报告。这一过程中，学生不仅掌握了统计图表的绘制方法和概率计算的基本技能，更重要的是学会如何提出问题、设计方案、收集数据、分析结论，这一系列的问题解决流程为他们未来的学习和生活打下了坚实的基础。

通过实践活动，学生不仅能够更深入地理解和掌握数学知识，更能在实践中发现问题、解决问题，从而培养强大的实践操作能力和问题解决能力。

四、信息思维是点亮批判性思维与创新精神的灯塔

在信息如潮水般涌来的今天，小学数学课堂不仅是知识的传递站，更是培养学生批判性思维与创新精神的摇篮。在信息海洋中航行，学生需具备一双慧眼，学会筛选、评估纷繁复杂的信息，从中提炼出有价值的内容，形成自己独立而深刻的见解。这一过程，正是批判性思维的核心所在。

在数学教学中，教师应鼓励学生不盲从、不迷信权威，敢于对所学知识提出质疑，并通过逻辑推理、实验验证等方式寻找答案。例如，在解决一个看似简单的数学问题时，教师引导学生从不同角度思考，尝试

多种解题方法,鼓励他们挑战传统思维,寻找更加简洁、高效的解决方案。这样的教学方式,不仅能加深学生对数学知识的理解和掌握,而且能激发他们的探究欲望和创新精神。

教师还应注重培养学生的创新意识,鼓励他们在面对复杂多变的问题时,敢于尝试新方法、新思路。在数学课堂上,教师可设置开放性问题,让学生自由发挥想象,运用所学知识进行创造性思考。这些问题没有固定答案,但每一次尝试、每一次创新都是对学生潜能的一次挖掘,都是他们走向成功迈出的坚实一步。

第 4 节 信息思维的培养策略

《义务教育数学课程标准(2022 年版)》对"问题解决"明确提出要求:"初步学会从数学的角度发现和提出问题,综合运用数学知识解决简单的实际问题,增强应用意识,提高实践能力;获得分析问题和解决问题的一些基本方法,体验解决问题方法的多样性,发展创新意识;学会与他人合作交流;初步形成评价与反思的意识。"其中"获得分析问题和解决问题的一些基本方法"的基础与前提,就是要让学生学会信息的处理方法,逐步形成较成熟的信息处理策略,以提升问题解决能力。但是,学生对问题情境的信息读取能力弱,大都凭着自身固有的阅读能力获取信息、理解题意,未掌握正确的处理信息方法。实际上,教师在指导学生分析问题之前,对数学信息处理的方法指导是非常必要的,它不仅能提升学生的问题解决能力,也能培养学生"以数学的眼光看待世界"的素养。

一、列表,梳理对应信息

列表是收集、整理信息的常用方法,是分析问题的重要方法,也是学生解决问题过程中重要的思维方式。当问题情境呈现的信息比较多时,就需要将对应的信息梳理、排列出来，便于找到其中的关联；或是将较复杂的信息按一定的标准分类，提炼问题中同一类的已知条件和所求问题，便于抽象出它们的共同特征。这样的处理过程，比较适合用列表的方法。经过列表处理后，学生可较清晰地理解题意，也较容易发现数量间的关系。

（一）排列对应信息，理清数量关系

问题情境大都用文字叙述的形式呈现。虽然语言描述、文字叙述是常用的信息传递方式，但采用这样表达方式的信息可能比较杂乱，数量关系大都不突出，逻辑线索不清晰，不利于学生分析问题、理清关系。而列表是对情况中的信息重新整理，将信息对应排列，变叙事性陈述为逻辑性表达，变单线思路为多线思路。

例1. 某车间3台机器5小时可加工300个零件，照这样计算，4台机器几小时可加工480个零件？

此题属于"双归一"问题，解决问题的关键是找到单一量，难点是所求问题需要用到哪个数量关系，所列算式的每一步表示什么意义。教师可引导学生先将信息按一定的对应关系排列好（如图1），从第一行信息可得出"每台每小时加工零件的个数"，制成表格（如图2），再根据数量关系"每台每小时加工的个数×台数×小时数＝总个数"解决本题。

3台　　　5小时　　　共300个

4台　　　? 小时　　　共480个

图1

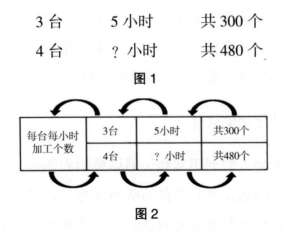

图2

（二）归类对应信息，促进有序思考

分类的过程实际是不断地寻找标准，让学生体会属性、抓住本质，对事物进行有序划分和组织的过程；让学生逐渐经历由显性的标准到隐性的标准，再到关系化的标准，由表及里、由浅入深、层层推进的思维过程。其实，分类的过程就是对事物共同属性的抽象过程。这种将对应信息按一定的标准进行分类的方法，可以让学生有序思考，有利于找到解决问题所需要的关联信息、数量关系，方便问题的解决。

例2. 从若干张 5 元币、2 元币、1 元币（每种至少有 10 张）中，拿出 10 元钱买钢笔，一共有多少种不同的拿法？

经过梳理后的表格（如表 1）内容清晰明了，所有信息按一定的顺序分门别类，没有大量文字的赘述，问题的解决自然水到渠成。

5 元币（张）	2	1	1	1	0	0	0	0	0	0
2 元币（张）	0	2	1	0	5	4	3	2	1	0
1 元币（张）	0	1	3	5	0	2	4	6	8	10
有几种拿法	1	3			6					

表 1

列表，是将关联信息对应排列后，便于对比观察，方便理清数量间的内在联系。表格是外在的表现形式，在很多情况下，只要将信息对应排列，不画出表格框线，也是列表策略的一种体现。

二、图示，具化抽象信息

几何直观能力是人们利用实物、形体模型和图形，生动形象地描述几何或者其他数学问题，展开丰富的空间联想，直观地反映和揭示问题思路，形成表象，从而有效解决问题的一种认知能力。小学生的思维以具体形象思维为主，因此几何直观能力是思考数学问题、发展数形结合思想的基础，是学生必备的一种基本数学素养。对问题情境进行信息处理，几何直观通常通过图示来体现。常见的图示有线段图、示意图、模拟图等，其主要作用就是通过图示来描述、分析数量关系，将较繁杂的数学信息简洁化、形象化，理清思路。线段图比较常见，应用也比较广泛。

例3. 五人一起参加象棋比赛，每两人之间比赛一盘。已知甲赛了4盘，乙赛了3盘，丙赛了2盘，丁赛了1盘，问戊赛了几盘？

此问题中的各项信息之间不存在必然的数量关系，学生很难用已掌握的数量来列式解决问题，即使用枚举法一一列举出各种可能，也是相当烦琐的过程。而采用图示法（如图3），既能形象地表示比赛的过程，又能在具体盘次的推理中得到问题的答案。

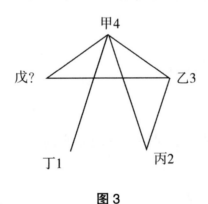

图3

例4. 两组工人加工零件，甲组有30人，人均加工60个零件。乙组有25人，人均加工数比甲、乙两组的平均数多6个。两组工人平均每人加工多少个零件？

这是比较复杂的平均数问题，不能直接用"两组总数÷两组总人数"的数量关系解决，如果用"移多补少"的方法，显然比较复杂，可以用图示将其中的关系直观呈现出来（如图4）：将乙组比两组的平均数多的150个（25×6＝150），补到甲组比两组的平均数不足的部分，得出甲组的平均数比两组的平均数少 5 个（150÷30＝5），这样就能算出两组的平均数是 65 个（60+5＝65）。

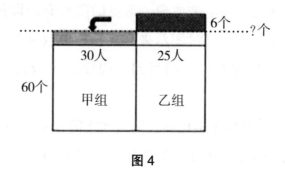

图 4

比较有趣的是，此图示不仅直观呈现问题情境的所有信息，还将平均数问题转化为平面图形面积的问题，直接发展了学生的几何直观能力，将抽象的观念、内容、方法直观化、具象化，促进学生理解数学的本质和思想。

三、增减，明晰关键信息

学生容易忽略关键信息，或是找不到问题情境中的主要信息，很重要的原因是有些问题情境呈现的信息偏多或偏少，学生不容易找到关键、有用的信息，造成解决问题的困难。因此，教师可以引导学生对已有信息做一些必要的增补、删减，使信息更完整、更清晰、更典型。

（一）增补隐性信息

受小学生认知基础与注意力水平的限制，他们关注的大多是问题情境中的数字信息，对文字叙述所关联的语境、语言表达背后的意图疏于关注或难以深入分析。比如"老师带 20 位同学去公园玩"，解决"购票"问题时，学生常常只计 20 人而忽略了老师。同样，一些叙述比较简练，或在特殊语境中的概括性语言，学生容易忽略或误读其背后隐藏的一些关键信息。

例 5. 水结成冰后体积增加 1/11，冰化成水后体积减小几分之几？

解决分数、百分数问题，最关键的就是要找到单位"1"的量。本题不是诸如"一种量比另一种量多（少）几分之几"之类典型分数问题的叙述方式，所以教师应引导学生增补适当的信息，使之叙述方式更典型。针对例5，可这样增补信息："水结成冰，冰的体积比水多1/11；那么，冰化成水后，冰的体积比水减少几分之几？"这样，学生就比较容易找到单位"1"的量，也就找到了解决问题的关键。

（二）删减冗余信息

有些问题情境追求还原生活环境，叙述比较详细、具体，但可能导致学生摸不清关键词，找不到重点内容；有些情境故意设置了一些冗余信息，让学生从中找出有用的信息。因此，教师应指导学生简化已知条件，提炼关键信息。

例6. A、B两人，从相距20km的两地同时出发，相向而行。A的速度是6km/h，B的速度是4km/h。倘若陪同A一起出发的还有一只小狗，小狗的速度是8km/h，其路径方向也是朝向B，当小狗遇到B后便立刻回头去找A，在碰到A之后，又掉头跑向B，直到A与B两人相遇，求小狗一共跑了多少km？

教师应先指导学生简化已知信息，通过分析可知，此问题除了A、B外，还增加了一只小狗，而小狗在此过程中所花费的时间实际上就是A与B两个人相遇所消耗的时间，所以教师引导学生首先思考A与B两人相遇需要花费多长时间，然后根据"时间＝路程÷速度"算出所需时间，这样求解小狗所跑的路程就简单多了。小狗跑的路程＝小狗的速度×所花费的时间。

四、架构，沟通关联信息

数学各类知识点之间存在内在联系，具有结构层次性。学习新知识时，教师应引导学生唤醒相关较零散的已学知识并加以归纳、整理，使之条理清晰、纲举目张，让学生学会画架构图或思维导图、关系图，有利于将散落的知识点"串成一条线",使知识结构化,提高解决问题的能力。

如在教授"折扣问题"时,学生对于诸如"进价(成本价)""售价""定价""优惠价""利润"之类的概念容易混淆,进而严重影响了问题的解决。因此,很有必要基于实例架构一个关系图(如图5),以结构化的思想引导学生厘清各个概念、沟通关联信息、理清数量关系。

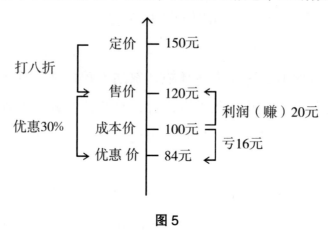

图5

小学数学中解决问题的方法有很多,但这些方法都内隐在知识的获取和问题的解决过程中。教师要让信息处理方法可言传、能操作,指导学生从问题情境的信息处理开始,掌握这些方法,让内隐的方法显性化,并且能形成一定的处理策略,真正提升学生解决问题的能力。

第5节 《可能性》教学案例分析

可能性是学生第一次正式学习"概率",但并不是完全陌生的。他们已经具备了知识基础和生活经验,只是缺乏用概率的眼光进行观察和思考,没有形成随机思想。因此,在本节课的教学中,教师结合大量的生活实例,以学生喜欢的摸球游戏为载体,让学生在不同层次的活动中,通过观察、猜测、试验与交流等数学活动,充分感受和体验不确定现象和事件发生的可能性,经历知识的形成过程。

教学目标：

1. 结合具体的实例，初步感受简单的随机现象，能列举出简单随机事件中所有可能出现的结果，能根据条件用"一定""可能""不可能"等定性描述一些简单事件发生的可能性，了解简单事件发生的可能性大小，并能联系条件说明可能性的大小。

2. 在观察、操作和交流等具体的活动中，初步感受简单随机现象在日常生活中的广泛应用，并能运用数据描述信息、作出推断，逐步发展数据分析观念。

3. 在观察、推测、试验、验证、总结中渗透解决问题的思维方式，培养数据分析的统计意识和信息思维能力。

教学重点、难点：

体验事件发生的可能性是有大小的，感悟小数据下的随机性与大数据下的规律性。

能够在具体情境中判断可能性大小的规律，并能作出正确推断，渗透随机思想。

教学过程：

一、创设情境，故事引入

师：老师给大家带来了一部动画《守株待兔》，我们一起来看看吧！（播放动画）

师：农夫有可能捡到兔子吗？农夫捡到兔子的可能性大还是田地荒凉的可能性大？

学生各抒己见。

师：今天我们就专门来研究事件发生的"可能性"。（板书：可能性）

【**设计意图**：从学生的生活实际出发，以学生熟悉的故事导入，尊重学生已有的学习经验，大大激发了学生的学习热情。将语文元素、生活元素与数学元素进行巧妙融合，丰富课程资源，把学生从单一的思维模式中解放出来，促进知识的灵活应用和整合，发展学生的信息意识。】

二、合作探究，建构新知

1. 认识"可能、一定、不可能"。

（1）谈话：出示一个不透明的口袋，往口袋是装入 1 个白球和 1 个黄球，这 2 个球除了颜色不同外，形状、大小、材质等都完全相同。

（2）猜测：从口袋里任意摸出 1 个球，可能摸出哪种颜色的球？

生：可能是白球，也可能是黄球。（板书：可能）

（3）启发：谁能解释为什么可能摸出白球，也可能摸出黄球吗？

生：因为袋子里有 2 个球，所以 2 个球都有可能摸到。

师：能确定摸到哪个球吗？

生：不确定。（板书：不确定）

（4）摸球活动。

激趣：情况是不是这样呢？我们可以通过摸球游戏来检验，请看活动要求：

①4 人为一小组；

②小组合作，轮流摸球，一次任意摸出 1 个，摸出后放回，一共摸 10 次，组长按顺序记录每次摸出球的颜色。

学生按要求活动，教师巡视。

次数	1	2	3	4	5	6	7	8	9	10
颜色										

（5）展示交流。

要求：每一组选派一名代表展示本组摸球的结果。

观察思考：第一次摸到的一定是白球吗？一定是黄球吗？第几次会

摸到白球？第几次会摸到黄球？

生：不确定，每次摸到的可能是白球，也可能是黄球。

（6）往口袋里放 2 个黄球。

提问：从这个口袋里任意摸出 1 个球，结果会怎样？确定吗？为什么没有人说白球呀？

生：摸出的一定是黄球，不可能是白球。（板书：不可能　确定）

（7）回顾一下这 2 次的摸球活动，有什么不同？

小结：像这样一定摸到黄球或者不可能摸到白球的事件，我们称为确定事件；像这样可能摸到黄球也可能摸不到黄球的事件，我们称为不确定事件。

【设计意图：本环节以问题引领思维，以交流优化思维，情境贯穿始终，课堂气氛活跃，学生热情高涨、积极主动。摸球过程中，学生真切地感受到预测的结果和实践结果还是有差距的，加深了对随机现象的了解，体会事件发生的随机性。】

2. 认识可能性大小。

屏幕显示 3 张红桃、1 张黑桃（红桃 A、红桃 2、红桃 3、黑桃 4）。

想一想：摸出红桃的可能大，还是黑桃的可能性大？说说你的想法。

生：摸出红桃有 3 种可能，摸出红桃的可能大；摸出黑桃只有 1 种可能，摸出黑桃的可能性小。

师：因此，你们认为摸到红桃的可能性——大，摸到黑桃的可能性——小。（板书：大、小）

师：如果让你们摸 4 次，你觉得会摸到几张红桃、几张黑桃？（用活动验证自己的猜测。）

活动要求：

（1）记录员负责将每人的猜测填写在记录单上。

（2）组长负责每次将牌打乱后反扣在桌子上。

（3）小组里每人摸 4 次，共摸 16 次。

(4) 记录员将结果记录在记录单上。

师：活动结束时，大组长汇总每组的摸牌结果。

师：观察每一组数据，你有什么发现？

生：摸到红桃的次数多，黑桃的次数少。

生：有的小组摸到红桃和黑桃的次数一样多，有的小组摸到黑桃比红桃的次数多。

师：刚才一共有 12 个小组参加摸牌试验，有 10 个小组摸到红桃的次数多，有 1 个小组摸到黑桃的次数多，还有 1 个小组摸到红桃和黑桃的次数同样多。为什么大家的试验结果不一样呢？

生：把全班数据加起来。

师：合计后相当于摸牌多少次？你发现了什么？

生：数据变大时，可以很清楚地看出：红桃的数量多，摸到红桃的次数就多；黑桃的数量少，摸到黑桃的次数就少。

【设计意图：本环节旨在引发小数据导致的思维冲突，进而启发学生思考，体会"积小成大"的价值。通过小组数据和全班数据的对比分析，逐步让学生体验数据由小变大后，随机性的影响也随之越小，呈现出统计的规律性，培养学生的信息评估能力，发展学生的数据分析意识。】

三、走进生活，应用可能性

1. 用"可能、一定、不可能"说一句话。

师：刚才，我们通过一系列有趣的活动，已经学会了用"可能、一定、不可能"判断一些事件发生的可能性。现在你能用"可能、一定、不可能"说一句话吗？

生 1：太阳一定从东方升起。

生 2：爸爸的年龄不可能比孩子小。

生 3：两位数+两位数，和可能是两位数，也可能是三位数。

生 4：两位数×两位数，积可能是三位数，也可能是四位数。

……

师：还有很多的同学想说，这样吧，课后我们举行一个交流会，比一比谁讲得最好？

2. 装球游戏。

出示：有若干个红球和绿球，往口袋里装 6 个球，根据下面的情况想一想，每次口袋里可以放什么球？

（1）任意摸出一个，不可能是绿球。

（2）任意摸出一个，一定是绿球。

（3）任意摸出一个，可能是绿球。

师：你们能根据摸到绿球的可能性大小给这些袋子排队吗？

师：随着绿球的减少，摸到绿球的可能性也随之变小，当一个绿球也没有时，还可能摸到绿球吗？（不可能）此时摸到绿球的可能性是 0。反过来观察，随着绿球的增多，摸到绿球的可能性也随之变大，当全是绿球时，就一定能摸到绿球吗？（一定）此时摸到绿球的可能性是 1。

师：看来在可能性的世界里，"一定""可能""不可能"之间存在着内在联系。

3. 摸奖游戏。

师：国庆期间，很多商家进行优惠大酬宾活动，今天金蛋也来到我们的课堂上，大家想砸吗？在这些金蛋背后藏着 3 个奖品（共 6 个金蛋）。请问中奖和不中奖的可能性，谁大？（一样）

师：如果老师要抽出六名同学，你正好被抽中，你想第一个砸，还是最后一个砸？

师：如果你是第 4 个砸，你希望前面 3 次砸的结果如何？为什么？

当学生砸完第 1 个金蛋后，引导观察：这时中奖的可能性变化了吗？谁大谁小？

当中奖的可能性大于不中奖时，问学生为什么这么激动。

当中奖的可能性小于不中奖时，问为什么举手的学生越来越少。

当最后一个学生砸金蛋时，说说"一定"和"不可能"。

【设计意图：设计用"可能、一定、不可能"说一句话，学生畅所欲言，延伸了数学课堂，发展了概率思想。结合日常生活中常见的摸奖活动，让学生体会事件的可能性，感悟随机事件发生的可能性，加强了数学与生活的联系。整个教学过程，学生一直在玩，玩得非常开心，在玩中不断发现，不断思考探究，感悟随机现象，感受事件发生的随机性。学生积极主动，真正获得了自主学习的成功体验，发展了信息应用能力。】

四、全课小结

师：通过今天的学习，你知道了什么？怎样判断事件发生的可能性的大小？还有哪些收获和体会？

教学反思：

本节课，通过摸球游戏、摸牌游戏、装球游戏、摸奖游戏这四个游戏活动，轻松地完成了教学，学生感受到了随机现象，并能联系条件说明可能性的大小。整节课有以下几个方面的特点：

一、关注学生的操作活动，感知理解知识

本节课的教学自始至终贯穿着操作活动，教师合理地运用教材，为学生提供了生活中多样的、充分的操作素材，学生通过摸球、摸牌、装球、砸金蛋等活动，充分感知了确定事件和不确定事件。在理解可能性的随机思想和可能性大小时，教师引导学生开展猜测、操作、观察、验证等数学活动。

二、关注学生的数据分析，培养信息意识

数据分析是统计的核心，本节课力求做到通过数据分析来体验随机性。在学生通过随机摸球初步感知可能摸到白球，也可能摸到黄球时，教师及时结合摸球数据，让学生在辨析中真切地感受到预测的结果和实践结果还是有差距的，加深对随机现象的了解，体会事件发生的随机性。教师还通过各小组的数据汇报，以软件求和的方式汇总全班的试验数据，从大数据中总结规律，得出结论。

三、解决真实问题，发展信息思维

　　教师在课首的摸球游戏环节，让学生先猜测再操作最后思考。学生自由发挥想象，运用所学知识进行创造性思考，培养分析、推理、交流、讨论、创新等核心素养。每一次尝试、每一次创新都是对学生潜能的一次挖掘，都是他们走向成功迈出的坚实步伐。在信息如潮水般涌来的今天，发展学生信息思维意义重大，"育贤思堂"不仅是数学知识的传递站，更是培养学生信息思维等数学核心素养的摇篮。